Computer and Web Sciences Library ④

コンピュータに問い合せる

データベースリテラシ入門

増永 良文 著

サイエンス社

編者まえがき

　文部科学省は 2020 年度に小学校においてもプログラミング教育を導入するとしました．これは，これからの社会を生き抜くためには，すべての国民がコンピュータと Web に関して，一定の「リテラシ」を身に付けておかねばならないという認識の表れと理解します．この Computer and Web Sciences Library 全 8 巻はそれに資するために編纂されました．小学校の教職員や保護者を第一義の読者層と想定していますが，この分野のことを少しでも知っておきたいと思っている全ての方々を念頭においています．

　本 Library はコンピュータに関して 5 巻，Web に関して 3 巻からなります．執筆者にはそれぞれの分野に精通している高等教育機関の教育・研究の第一人者を充てました．啓蒙書であるからこそ，その執筆にあたり，培われた高度の識見が必要不可欠と考えるからです．

　また，本 Library を編纂するにあたっては，国立大学法人お茶の水女子大学附属小学校（池田全之校長）の協力を得ました．これは同校とお茶の水女子大学の連携研究事業の一つと位置付けられます．神戸佳子副校長を筆頭に，同校の先生方が，初等教育の現場で遭遇している諸問題を生の声としてお聞かせ下さったことに加えて，執筆者が何とか書き上げた一次原稿を丁寧に閲読し，数々の貴重なご意見を披露して下さいました．深く謝意を表します．

　本 Library が一人でも多くの方々に受け入れられることを，切に願って止みません．

2018 年秋　　　　　　　　　　　　　　お茶の水女子大学名誉教授

　　　　　　　　　　　　　　　　　　　　工学博士　増永良文

まえがき

データベースという言葉は現在世の中で広く受け入れられていると思います．しかし，データベースという言葉で各人が思い浮かべるイメージは多様なようで，「データベースって何ですか？」と問いかけると，「データベース（DB）とは住所録のようなもの」，「DBとは図書館で本を探すために使ったOPAC(オパック)のようなもの」，「DBとはExcel(エクセル)のようなもの」，「DBとはファイルのようなもの」，「DBとはコンピュータに蓄えられた情報のようなもの」，など実にさまざまな回答が返ってきます．これらは著者が期待している回答とはちょっと違っているのですが，それらの回答には，データベースという言葉が曖昧な理解のままに人それぞれに受け入れられ，一人歩きしている状況を確認できます．考えてみれば，世の中には実に多様なデータベースの定義が流布していて，その中には，権威ある国語辞典や，法律や規格などが与えた定義も含まれています．それらを見てみると，それぞれが熟慮のすえの文言なのでしょうが，そこには，データベースと真摯に向き合ってきた情報科学・工学の分野で受け入れられているデータベースの考え方や定義があまり生かされていません．人工知能やビッグデータがキーワードとなっている第4次産業革命が世界の潮流となり，我が国の小学校でもプログラミング教育が全面実施される時代です．情報科学・工学分野でのデータベースの考え方や定義が人々の共通理解となることが，これからのスマートな社会づくりを実現するための原動力の1つになるのではないでしょうか．本書執筆の立ち位置はここにあります．

データベースと関連して，もう1つ気になって仕方のないこと

があります．それは，**データ**という用語と**情報**という用語の混乱です．本来はデータというべきところを情報といったりする例があまりにも多く見受けられます．ちょっと考えれば分かることだと思うのですが，データは英語で書けば data，情報は information ですから，両者の概念は違うはずです（もちろん，関係はしています）．この違いに敏感であらねばならぬことも本書で語りましょう．

さて，**データベースリテラシ**，あまり聞きなれない言葉だと思いますが，激動する世界に生きる我々には，コンピュータリテラシ，インターネットリテラシ，Web リテラシ，メディアリテラシ，情報リテラシ，IT リテラシ，金融リテラシ，健康リテラシなど，実にさまざまなリテラシが求められています．リテラシ（literacy）とは「読み書きの能力」のことです．データベースリテラシとは，まさしくデータベースとは何か，をきちんと理解することにはじまり，その上でデータベースを利活用できる能力ということになります．データに加えて，ビッグデータという言葉もすっかり市民権を得た昨今ですから，データを自由自在に操ることができる「データベースリテラシ」を身につけておかないと，日々の生活に支障をきたす恐れがあるかもしれません．

さあ，本書を読んでデータベースリテラシを身につけてください．そして，児童から「データベースって何？」と聞かれたときに，「データベースとはね...」と答えることができて，「先生ってすごいなー」と称賛される，そして，家庭でも同じですね，「パパ／ママってすごいなー」って感心される瞬間を迎えられんことを願っています．

2018 年 11 月吉日　　　　　　　　　　　　　　　　　　　　増永良文

目　　次

第1章　データベースの力　　1

第2章　データとは　　6
2.1 データって何?　　6
2.2 実世界，アクセプタ，そしてデータ　　8
2.3 世の中はデータで満ち溢れている　　10
2.4 データとその意味　　12

第3章　データベースとは　　16
3.1 同じようなデータを一塊にしてみよう　　16
3.2 データベースができている!　　18
3.3 スキーマとインスタンス　　22
3.4 データベースを構築するということは　　24

第4章　リレーショナルデータベース　　26
4.1 リレーショナルデータモデルの誕生　　26
4.2 リレーショナルデータモデル　　28
4.3 キーと主キー　　32
4.3.1 キ　ー　　32
4.3.2 主キーとキー制約，そして空　　35
4.4 リレーションの正規化　　38
4.4.1 リレーションの正規形　　38
4.4.2 更新時異状の発生と解消　　40
4.4.3 第2正規形のリレーション　　41

4.4.4 第 3 正規形のリレーション 45
4.5 次数の大きなリレーション 48
4.6 データベースの閉世界仮説 49

第 5 章 データと情報の違い　51

第 6 章 コンピュータに問い合せる　55
6.1 データベース言語 55
6.2 SQL って何ですか？ 57
6.3 SQL で問合せを書いてみる 59
6.3.1 SQL の問合せ構文 60
6.3.2 単 純 質 問 63
6.3.3 結 合 質 問 68
6.3.4 入れ子型質問 71
6.4 データベースの更新とテーブルの生成・削除 74
6.4.1 データベースの更新 74
6.5 メタデータのおかげ 77
6.6 データベースセキュリティ 79
6.6.1 権限付与・監査・暗号化 80
6.6.2 SQL インジェクション 83

第 7 章 小学校のデータベース構築　88
7.1 実世界のデータモデリング 88
7.2 ER モデルとは 90
7.2.1 実 体 型 と は 91
7.2.2 関 連 型 と は 94

	7.2.3 ER 図	96
7.3	ER 図をリレーショナルデータベースに変換	97
	7.3.1 実体型の変換	97
	7.3.2 関連型の変換	99
7.4	データベースを利活用する	102

第8章 データベース管理システム　　105

- **8.1** データベースは多義語 105
- **8.2** DBMS の 3 大機能 108
- **8.3** テーブルの格納 111
- **8.4** クライアント／サーバ型データベースシステム 116
- **8.5** クラウドデータベースサービス 118
- **8.6** データベースとファイルの違い 119

第9章 データベースが支える情報システム　　122

- **9.1** 旅客販売総合システム 122
- **9.2** 組込み型データベースシステムの活躍 124
- **9.3** OPAC はデータベースですか？ 127
- **9.4** Excel はデータベースですか？ 128

第10章 ビッグデータとは　　131

- **10.1** ビッグデータと NoSQL 131
- **10.2** ビッグデータと知識発見 136

参考文献 142

索　引 144

UNIXは，米国X/Open Company Ltd.が独占的にライセンスしている米国ならびに他の国における登録商標です．
その他，本書で使用している会社名，製品名は各社の登録商標または商標です．本書では，®と™は明記しておりません．

サイエンス社のホームページのご案内
http://www.saiensu.co.jp
ご意見・ご要望は　rikei@saiensu.co.jp　まで．

1 データベースの力

　特段に意識したことはないのかな，と思いますが，実は現代社会はデータベース抜きでは成り立ちません．コンピュータやインターネットなしでは今の世の中は成り立ちませんよね，といわれれば，それはそうだろうと誰でも思うでしょう．でも，データベースなしではこの世の中は動かないんですよ，といわれても，今一つピンとこないかもしれません．なぜでしょうか？　それは，コンピュータやタブレット端末，あるいはスマートフォン（＝スマホ）などのさまざまな情報機器と違って，データベースは直接我々の目には見えない存在だからです．

　たとえば，新幹線や在来線を使って旅行したり出張したりするとき，我々はほとんど当たり前のように座席を予約しますよね？　今どきの世の中ですから，何も駅の「みどりの窓口」や旅行会社のカウンタまで行かなくても，身近にあるパソコンやタブレット端末，あるいはスマホからそれができてしまいます．そうすると，コンピュータはすごいね，スマホはすごいね，インターネットはすごいね，と皆思います．それはそうなのですが，なぜダブルブッキングしないで，間違いなく，乗りたい列車の座席の予約ができるのでしょうか？　その理由は，皆さんのコンピュータやスマホがインターネットを介してその先にある JR の**列車座席予約システム**につながり，そ

してその中核にある**データベース**につながっているからなんです．データベースでは座席に関するデータが一元管理されていて，国内はおろか世界中のどこから座席予約の要求が舞い込もうとも，ダブルブッキングすることなく，瞬時に正確に座席を指定することができるのです．それがデータベースの力なのです．ただ，我々の目にはデータベースの存在やデータベースが行っていることが見えていないだけなのです．

このような事例は枚挙にいとまがありません．たとえば，今では何も銀行まで行かなくても近くのコンビニエンスストア（＝コンビニ）の ATM 端末で自分の口座からお金を下ろすことができますね．その仕掛けは上述の列車座席予約システムと同様です．コンビニの ATM 端末は通信回線で銀行につながっています．そして，その銀行には預金を一元管理している勘定系システムがあり，その中核にデータベースがあるわけです．そのデータベースの力で，預金の引出しや，預入れ，あるいは振替送金などが間違いなく行われるのです．

もっと身近な例を挙げましょうか？ 皆さんにはスマホを持っている方も多いと思います．中には，寝食を共にして 24 時間いつもスマホと一緒という方もいるかもしれません．そのスマホですが，高度な地図アプリがインストールできて，スマホに格納された地図データのもとでルート検索や最寄りのコンビニやラーメン屋などをいとも簡単に検索できます．実はあの小さなスマホの中に**組込み型データベース**が入っているので，そのようなことができるのです．

はたまた，皆さんの中にはカラオケが大好きという方はいらっしゃいませんか？ 通信カラオケ用のリモコンで歌いたい曲を選曲しますよね？ その場合に選曲に時間をかけたくありません．選曲

第 1 章　データベースの力

してすぐに歌いたい．みんな誰でもそう思います．このとき，もし選曲をリモコンと通信回線でつながったカラオケ会社にあるサーバ（server）とのやり取りで行うことにするととても時間がかかってしまい，きっとイライラするでしょう．そのようなことが起こらないようにするために，組込み型データベースがリモコンに組み込まれています．そうすると，リモコンで選曲を終え，その結果をサーバに送ると，直ちに歌いたい曲のメロディーや歌詞がサーバから送られてきて，カラオケボックスが盛り上がるというわけです（映像は端末側で合成されることが多い）．これもデータベースの力です．

　もちろん，世の中にはデータベースを意識的に使って仕事をしている人々も大勢いるでしょう．たとえば，会社では情報システム部門の人たちがその会社が必要とするさまざまなデータをデータベースとして組織化して一元管理しています．そうすることによって，社員，顧客，製品，在庫，売上などの管理，ひいてはボーナスの計算や売上の前年同月比の計算などをスピーディに誤りなく行っていけます．政府・行政機関，教育・研究機関，NPO などさまざまな組織でデータベースは大活躍をしています．

　ここで，1 つだけ注意をさせてください．先ほどから**一元管理**という言葉を使っていますがどういうことでしょうか？　これを会社が構築したデータベースで説明してみましょう．たとえば，在庫管理を考えてみましょうか．テレビの在庫が 10 台あったとします．もし，お客さんが 1 台買ってくれれば，売上データとしてテレビの台数は 1 増えますが，それと同時にテレビの在庫数は 1 減らして 9 にしないといけませんね．一元管理とはそういうことが自動的に行われることを指しています．学校だって同じでしょう．たとえば，

小学校では，児童や保護者，そして校務や教務に関するさまざまなデータをデータベースとして一元管理し，それを教職員が共有することによって，矛盾するようなデータは見当たらず，安心してさまざまな業務を遂行できるようになります．いい換えると，データの管理はもう表計算ソフトなどを使って行われる個人プレーではなくなるのです．その結果，児童や保護者のデータ管理，緊急連絡先名簿の作成，学級別データの作成，メールアドレス帳の作成，児童や保護者宛名ラベルの作成，児童指導要録（学籍）の作成，全課程修了者名簿の作成などが一元管理されたデータベースを使って矛盾なく，効率よく行えることになり，それが校務や教務の効率化や改善に大きな効果をもたらすことになるのです．

例を挙げればきりがありませんが，Web♠1がこれだけ人々の生活に浸透したこの世の中で，アマゾン（Amazon）や楽天で買い物をしたことのある人も多いのではないでしょうか．それらの電子商取引サイト（= e-コマース）は，扱っている商品や顧客に関する巨大なデータベースを持っているわけです．いわゆるビッグデータ（big data）です．ビッグなる所以は，データ量が膨大，データの発生が高速，そしてデータは多様という，いわゆる 3V と称される特徴的性質を有しているからです．さらに興味深いのは，「この商品を買った人はこんな商品も買っています」と（自分が購入しようかなと考えていた商品とは別の）商品を推薦してくることです．それを可能としているのがデータマイニングです．ビッグデータをマイ

♠1 World Wide Web のこと．インターネット上のハイパーテキストシステムで，1991 年にバーナーズ＝リー（Tim Berners-Lee）が発明しました．Web ページとは 1 枚のハイパーテキストをいいます．

ニング（＝採掘）することにより，新たな知識を発見することができて，顧客が好みそうな商品を的確に推薦することができるようになるのです．

関連して，グーグル（Google）の例を挙げましょう．アマゾンや楽天は電子商取引サイトですが，Googleは世界最強の情報検索サイトです．Googleを開いて検索キーワードを入力すると，検索結果として多数のWebページが瞬時に表示されますね．注目すべきことは，表示されるWebページにはGoogleが決める重要度に基づいた順位付けがなされており，最初に示されるWebページの重要度が一番高いということです．なぜ，そのようなことが可能なのでしょうか？　それは，Google社がインターネット上のあらゆるWebページを収集して文字通りビッグデータを構築し，Webページ間の参照関係を分析して順位付けする技術と共に高速に所望のページを検索できる索引技術を開発したからなのです．

このように，世の中はデータベースがないと動かないようになっているのですが，これがデータベースだ！とみんなに見せることが難しいので，データベースって何だろう？と問われたときに，どうイメージしてよいのか分からないのだと思います．

「講釈師見てきたような嘘をつき」とは，嘘のことも本当にしてしまう話芸のマジックで，そこにこそ講談最大の魅力があるのだそうですが，本書は，「データベースの見える化」に最大限留意して執筆にあたっています．決して，嘘はついていません．代わりに少し難しく感じるところがあるかもしれませんが，投げ出さず，お付き合いください．

2 データとは

2.1 データって何?

 日頃,我々はデータという言葉をほとんど無意識に使っていると思いませんか? データベースを語るのですから,まずは,データとは何か,少しばかりうんちくを傾けておきましょう.

 まず,「ことばの定義」から入りましょう.データは英語の data のことです.ラテン語に由来する datum(デイタム)の複数形で,datum の意は "a thing given" です.つまり,「与えられたもの」の意です.複数形ですから,data are と書き,data is とは書かないのが普通ですが,data を水や空気と同じように物質名詞と捉えて「a」を付けず「複数形をとらない」とする例も見られます.しかし,本書では data are の立場に立っています.

 次に,データをもう少し具体的に定義してみましょう.まず,書店に数多く並んでいるデータベースの教科書ではどうでしょうか? ちなみに,拙著[1),2)] で恐縮ですが,そこでは次のように定義されています.

2.1 データって何？

> 『データは実験や観察，調査や捜査，検査や検診，センサ，あるいは様々な活動や営為の結果得られる文字や数値の並びや時系列，少し抽象度を上げれば，記号（symbol）の集まりであって，それ以上でもそれ以下でもない』

多分に上から目線の定義で申し訳ありませんでした．理系の学生にはうけるかもしれませんが，ここではもう少し平易に述べることにします．

たとえば，理科の実験をしていて，ある日の1日の気温の変化を計測するとしましょう．温度計を軒先に吊るして，1時間ごとの正時（24時間表示とする）に気温（単位を°Cとする）を計測したとします．そうすると，

$$(6, 19.0), \ (7, 19.6), \ (8, 21.6),$$
$$(9, 22.7), \ (10, 24.3), \ (11, 24.8), \ \ldots$$

と時刻とそのときの気温の対の系列が得られるでしょう．この一つひとつの対がデータです．

このように，データ自体はある意味で無味乾燥とした印象となってしまうのですが，石油を精製したりする化学プラントでは，温度管理はとても大事なことですから，蒸留塔には温度センサが取り付けられて，時々刻々と温度のデータを監視室に送り続けています．そのように捉えていくと，データは世の中とつながって，とても存在感のある姿となるのです．次節でそれを見てみましょう．

2.2 実世界，アクセプタ，そしてデータ

　伊能忠敬（1745年〜1818年）のこと，歴史上の人物として小学校の社会の授業で習いませんでしたか？彼は江戸末期，寛政12（1800）年から17年もかけて日本全国を測量して『大日本沿海輿地全図』を編纂し，国土の正確な姿を明らかにしたことでとても有名です．その伊能忠敬ですが，富士山の高さの測量にも挑戦したそうです．当時，彼は「わんか羅針」と称する方位盤や天体観測のための象限儀といった機器を使って測量したということですが，（mに換算すると）3927.7mという測量結果を出したそうです．この伊能忠敬を例にして，データとは何か？にもう少し迫ってみましょう．

　そこで，まず「日本の山々の標高を測量したいな」という状況を想定します．富士山もあれば，穂高岳，白山，筑波山，愛宕山（東京23区で一番高い山，ちなみに標高25.7m）もあるでしょう．伊能忠敬は富士山の高さを測るのにわんか羅針や象限儀を使用したということですが，一般に測定や測量に用いられる機器を**アクセプタ**（acceptor，受容器）と称することにします．次に，アクセプタが計測の対象とした世界を**実世界**（the real world）ということにします．「実」と敢えて付けているのは，アクセプタが向き合っている世界がリアルな世界だからです．したがって，アクセプタは実世界で何が起こっているかを観測・観察して，その結果を出力する「装置」というわけです．このとき，「データとはアクセプタが実世界を観測・観察して出力する結果」なのです．

　実世界，アクセプタ，そしてデータの関係を図2.1に示しましょう．ここで，実世界を表すのに雲形を使っていますが，これは実世

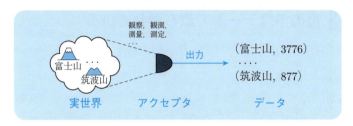

図 2.1 実世界，アクセプタ，そしてデータの関係

界はその全貌を捕えがたいということを表すためです．

なお，アクセプタですが，上で一般的に装置と記しましたが，具体的には，伊能忠敬のわんか羅針や象限儀，理科の実験に使った測定器や観測機器，あるいはデータベースを作ろうとしている個人やグループかもしれません．要するに，アクセプタとはデータベース化の対象となった実世界と向き合ってデータを出力する，そのための「概念装置」というわけです．

余談ですが，伊能忠敬の次に富士山の標高測量に挑んだのはあのシーボルト事件で有名な医者で博物学者のシーボルトだそうで，1828年に彼は弟子の二宮敬作に気圧計を持たせて富士山頂に登らせ，頂上の気圧から3794.5 mと算出したそうです[3]．このときのデータは(富士山, 3794.5)で，その値の算出根拠となった気圧計がアクセプタです．山の高さを測るのに気圧計を用いたのは，高度が100 m上がると，気圧が12ヘクトパスカル（hpa）下がるという法則があるからだそうです．それにしても，国土地理院が出す富士山の標高の最新のデータが3776 mですからそれとの誤差は18.5 mで，驚きです．

2.3 世の中はデータで満ち溢れている

　我々が暮らしているこの世の中を実世界というと述べました．リア充という言葉がありますが，この世の中は実にリアルで，そこはさまざまな事象で満ち溢れ，大勢の人々がそこでさまざまな活動を行っています．たとえば，小学校は教職員や児童や保護者が集い活動している実世界です．そこでは，実にさまざまな営みが繰り広げられていますね．会社では，掲げられたミッションのもとに社員が集い，ビジョンを達成するためにさまざまな活動を行っています．はたまた，家庭はどうでしょうか？　家族が集いさまざまな営みを行う家庭はまさしく実世界です．

　このように，実世界ではさまざまな営みが繰り広げられて，その結果として放出されるさまざまなデータで満ち溢れています．例を挙げればきりがありません．「鉄腕アトムの誕生日は4月7日である」，「初音ミクの誕生日は3月9日である」，実験をしたら「水は1気圧のもとでは100℃で沸騰する」，「水は2気圧のもとでは120.6℃で沸騰する」といった事象を認識すると，(鉄腕アトム, 4月7日), (初音ミク, 3月9日), (水, 1, 100), (水, 2, 120.6) などのデータが生まれ，世の中はデータで満ち溢れています．

世の中には，多種多様なデータがある

　上で示したデータは文字や数値からなるデータです．しかし，データは**文字・数値データ**だけではありません．他にも実にさまざまなタイプのデータがあります．それらを列挙してみましょう．

- **画像データ**：デジカメで写真をとれば静止画像（image）デー

タが生まれます．ビデオカメラで動画を撮れば動画像（movie）データが生まれます．最近は，セキュリティの強化を狙って，街中で防犯カメラを見かけることも多くなりましたが，そこでは24時間絶え間なく動画像データが収集されています．
- **音データ**：ICレコーダで会話を録音すれば音声（voice）データが，音楽演奏を録音すれば音楽データが，はたまた鉄道ファンがSLの音を録音すれば音響データが得られるでしょう．

このように多種多様なデータを総称して**マルチメディアデータ**といいます．メディア（media）の話をすると，メディアとは何か，というような話から始めないと本当はいけなくなってしまうのですが，要するに実世界を記述する**記号系**（symbol system）は何も文字・数値だけではないよ，画像もあれば，音もあるよ，というわけで，実にさまざまであると理解してください．ただ，データは多種多様ですねといっても，人の五感，すなわち視覚，聴覚，触覚，味覚，嗅覚に訴えることを考えると，上に挙げた例は視覚と聴覚に訴えるものでしかありません．触覚，味覚，嗅覚に関するデータはどのように表現されて，コンピュータに取り込まれ，データベースとなっていくのでしょうか？仮想現実（virtual reality）技術なども進展している世の中ですから，いずれその一部は実現されるのでしょうが，楽しみとして残しておきましょう．

なお，マルチメディアデータはどのようにしてコンピュータに格納されているのだろうか？という素朴な疑問を持たれる方も多いと思います．それに関しては，8.3節で少し触れたいと思います．

2.4 データとその意味

さて，図 2.1 で，「実世界–アクセプタ–データ」の関係を示しました．また，そのような例として，日本の山々の標高を（何らかのアクセプタを使って）測量し，(富士山, 3776), (穂高岳, 3190), (槍ヶ岳, 3180), (白山, 2702), (筑波山, 877) といったデータが出力されたとしました．このように，データは「単なる文字や数値の並び」にしかすぎませんが，アクセプタが実世界の何を観測・観察したのかに注目すると，データに**意味**（meaning）を付与することができます．この例では，アクセプタは山の標高（単位は m）を測量しているので，(富士山, 3776) というデータには，日本語で書けば，

「富士山の標高は 3776 m である」

という意味を付与することができます．いい換えると，データは実世界を何らかの目的のもとに観測・観察した結果得られたわけですから，意味とは，そのデータをどう読み解くかという**意味解釈ルール**ということができます．つまり，すべてのデータにはそのデータを取得した目的に応じた意味解釈ルールが付随することになります．

さて，その意味解釈ルールですが，もう一歩踏み込んで見てみると，とてもシステマティックにデータの意味を表現できるように仕組まれていることが分かります．たとえば，上記の (富士山, 3776) ですが，このデータは対（pair）をなしています．そして，この対の第 1 項である富士山は山の名前を表しています．また第 2 項は標高（m）を表しています．したがって，このデータの意味解釈ルー

ルに山の標高，簡単に**標高**という名前を付けることができます．その結果，(穂高岳, 3190) というデータは標高と名付けられた意味解釈ルールのもとで，「穂高岳の標高は 3190 m である」という意味が付与されることになります．

つまり，データはデータだけで存在していては何をいっているのか，さっぱり分かりません．たとえば，(太郎, 30) というデータがあったとき，これは何を意味しているのでしょうか？「太郎の年齢は 30 歳である」といっているデータなのでしょうか？ それとも「太郎の月給は 30 万円である」というデータなのでしょうか？ 分かりっこありません．データの意味解釈ルールが与えられない限りは...

しかし，もしこのデータの第 1 項は名前で第 2 項はその人の**年齢**を表すのであるという意味解釈ルールが与えられていれば，このデータは間違いなく「太郎の年齢は 30 歳である」ことを表していることになります．このように，データはその意味解釈ルールを伴って初めて実世界で何が起こっていたのかを表すことができるわけです．そこで，データにはそれを解釈するための意味付与ルールを付随させて次のように書くことにします．

標高 (富士山, 3776)

年齢 (太郎, 30)

...

そこで，データ，意味付与ルール，そしてデータの意味，の関係をきちんと書いてみます．まず，一般にデータとそれに対する意味付与の関係は次のように書くことができます．

標高 (富士山, 3776) ⇔「富士山の標高は 3776 m である」

ここに ⇔ は論理記号で，その意味は，「A⇔B」と書かれていれば，「A ならば B が成り立ち，かつ B ならば A が成り立つ」ことを表しています．別の表現をとれば，A と B は等価あるいは同値，あるいは A であるための必要かつ十分条件は B といったりします．

よろしいでしょうか？ 理解を深めるために，小学校の例を挙げてみることにします．この小学校の名前を仮に花見台小学校としましょう．そして，佐藤美咲先生が 1 年 1 組を担任しているとします．このときアクセプタ（＝データベースデザイナ）がこの小学校の学級担任を認識しようと観察をすると，「佐藤美咲は 1 年 1 組の学級担任である」という事実を認識して (佐藤美咲, 1 年 1 組) をデータとして出力するでしょう．このとき，このデータの意味解釈ルールは**学級担任**ですから，次が成り立ちます．

学級担任 (佐藤美咲, 1 年 1 組)

⇔「佐藤美咲は 1 年 1 組の学級担任である」

同じように，もし「鈴木翔太は 1 年 2 組の学級担任である」のならば，このアクセプタは (鈴木翔太, 1 年 2 組) というデータを出力するでしょうし，次が成り立ちます．

学級担任 (鈴木翔太, 1 年 2 組)

⇔「鈴木翔太は 1 年 2 組の学級担任である」

このように，データは意味を付与されて実世界の事象と 1 対 1 の対応関係を持つことになります．その結果，データをどのように利

活用すればよいのかが分かるのです．いい換えると，データはそれだけが与えられても実世界の何を表しているのか分からないのですが，その意味解釈ルールが与えられると，命が吹き込まれて，躍動し始めるわけです．

なお，データと意味の関係を基にして，さらにデータと情報の関係を第 5 章で説明します．

シーザー暗号って知っていますか？

ちょっと横道にそれますが，データと意味解釈ルールの関係性は暗号とその解読法の話に通じるところがあります．たとえば，暗号化された jgnnq というデータを傍受することに成功したとしましょう！ ただ，これは何を意味しているのでしょうか？ これだけでは分かりませんし，辞書をくっても該当する単語はないでしょう．しかし，これは暗号だと見抜き，その暗号の解読法を知ることができると，このデータが何をいっているのか，一気にはっきりするわけです．この例では，「受信した文字列は平文（＝暗号化する前の文）のアルファベットの各文字を 2 文字ずつ後にずらしたものである」という解読法が与えられれば，これは hello を意味しているのだと分かるわけです．暗号の解釈法がデータの意味解釈ルールに対応しているわけです．この暗号にはあの有名な共和制ローマの皇帝シーザー（J. Caesar）の名前が付けられて**シーザー暗号**と呼ばれています．はるか 2000 年以上も前，彼はこの暗号を使って戦に臨んでいたとか ...

3 データベースとは

3.1 同じようなデータを一塊(ひとかたまり)にしてみよう

さて,アクセプタは実世界を観測・観察し,その結果をデータとして出力してきます.出力されるデータはさまざまです.先に挙げた花見台小学校の例では,学級担任のデータ,クラス分けのデータ,成績のデータなど,さまざまでしょう.

そこで,「同じ意味解釈ルールを有するデータを一塊にする」ことを考えます.そうすると,幾つかのデータの塊ができ上がりますが,実はそれら全体がデータベースを作り上げることになるのです.このことを,花見台小学校のデータベース作りを例にして,より細かに説明してみましょう.このとき,アクセプタはこの小学校のデータベースを作ってみようと考えている**データベースデザイナ**です.このデザイナはこの責務を負った1人の教職員かもしれませんし,何名かの教職員有志からなるグループかもしれません.いずれでも構いません.そうすると,このデータベースデザイナは花見台小学校で起こっているさまざまな営みを観察することから作業を始めます.たとえば,先述したように,「佐藤美咲は1年1組の学級担任である」,「鈴木翔太は1年2組の学級担任である」,...というように学級担任のすべてを認識するでしょう.児童たちに目を

向ければ,「青木ユイは 1 年 1 組である」,「井上ミサキは 6 年 2 組である」, ... というようにすべての児童のクラス (＝学級) を認識するでしょうし, 成績に関しては,「青木ユイの 1 年 1 学期の国語の評価は◎である」,「山崎そうたの 6 年 3 学期の体育の評価は◎である」, ... という具合でしょう. このとき大事な点は, (佐藤美咲, 1 年 1 組) や (鈴木翔太, 1 年 2 組) といったデータは学級担任のデータであり, (青木ユイ, 1 年 1 組) や (井上ミサキ, 6 年 2 組) といったデータはクラス分けのデータであり, そして (青木ユイ, 1 年, 1 学期, 国語, ◎) や (山崎そうた, 6 年, 3 学期, 体育, ◎) といったデータは成績のデータであるということで, それらは峻別されなければなりません.

さて, アクセプタにより出力されたこの小学校の営みに係わる膨大なデータを「同じ意味解釈ルールを持つデータで分類する」ことを考えます. 上の例では, データの意味解釈ルールは 3 種類存在していて, それらは次の通りです.

- **学級担任**
- **クラス分け**
- **成績**

したがって, この小学校のデータは 3 つのカテゴリに分類されます. そして, これらのカテゴリにそれぞれ**学級担任**, **クラス分け**, そして**成績**と名前を付けましょう. この様子を図 3.1 に示します. ここで注意しておくべき点は, (佐藤美咲, 1 年 1 組) と (青木ユイ, 1 年 1 組) というデータは, 共に最初が氏名, 次に学級名を表しているので, 形の上からは同じように見えますが, 前者は**学級担任**,

図 3.1 同じ意味解釈ルールを持つデータを一塊(ひとかたまり)にする

後者はクラス分けという意味解釈ルールを持つデータですから，異なる分類となります．そして，異なる分類ごとにまとめ上げられたデータ群がデータベースを作り上げることになるのです．

3.2 データベースができている！

さて，前節で同じ意味解釈ルールを有するデータ同士を一塊(ひとかたまり)にするとデータベースができ上がると述べましたが，このようにまとめ上げられたデータ群が「表」を形作ることに気付かれたでしょうか？

これらの表はデータベースの最も基本的な構成要素であり，テーブル（table）と呼ぶことにします．この小学校の例では，**学級担任**，**クラス分け**，**成績**と名付けられた 3 枚のテーブルができ上がっています．まず，図 3.2 に**学級担任**テーブルを示しましょう．この例で分かるように，テーブルはテーブル名，この例では**学級担任**，そして，列名，この例では教職員氏名と学級名を持ち，すべての学級担任，たとえば，全学年 2 学級の小学校であれば，12（= 6 × 2）の学級担任を表す 12 本の行（＝データ）から成り立っています．

3.2 データベースができている！

学級担任

教職員氏名	学級名
佐藤美咲	1年1組
鈴木翔太	1年2組
田中拓也	2年1組
髙橋愛	2年2組
伊藤美穂	3年1組
渡辺健太	3年2組
中村翔	4年1組
山本彩	4年2組
小林麻衣	5年1組
加藤大樹	5年2組
山田翔平	6年1組
吉田彩香	6年2組

図 3.2 学級担任テーブル

ここで，学級担任テーブルに関して，ちょっとした応用問題を考えておきましょう．上の例では単純に学級担任を教職員氏名と学級名の間の2項関係（binary relation）として捉えましたが，学校によっては，往々にして学級担任に役割として「正」，「副」を定めていますね．その場合，テーブルはどのようになるのでしょうか？難しくありません．もし佐藤美咲先生が1年1組を「正」で担任しているのであれば，アクセプタは(佐藤美咲, 1年1組, 正)というデータを出力してくるでしょう．そして，そのようなデータを格納するために，学級担任(教職員氏名, 学級名)ではなく，学級担任(教職員氏名, 学級名, 役割)というテーブルを用意すればよいということになります．

クラス分け	
児童氏名	学級名
青木ユイ	1年1組
阿部ゆうと	1年1組
…	…
新井ユミ	1年2組
…	…
横山はるき	6年1組
井上ミサキ	6年2組
…	…
山崎そうた	6年2組

図 3.3 クラス分けテーブル

次に，**クラス分け**テーブルを図3.3に示しましょう．もし全児童数が仮に400だとすれば400本の行がこのテーブルに格納されることになります．ただ，ここでは紙面の都合上400本の行を記載することはできないので，「…」で省略していますが…

続いて，**成績**テーブルを図3.4に示します．すべての児童の1年1学期から現在までの，学年，学期，教科名ごとの評価がすべてこのテーブルに格納されます．

テーブルが集まって，データベースをなす

花見台小学校の営みを表すテーブルは，何も上記の3枚だけではないでしょう．保護者に関するテーブル，学校の行事に関するテーブル，学校の備品に関するテーブルなど，実にさまざまなテーブルができ上がることでしょう．どのようなテーブルをどのようにして作り上げていくかは第7章でもう少し立ち入って考察してみた

3.2 データベースができている！

成績

児童氏名	学年	学期	教科名	評価
青木ユイ	1	1	国語	◎
青木ユイ	1	2	国語	◎
青木ユイ	1	3	国語	◎
青木ユイ	1	1	算数	○
…	…	…	…	…
阿部ゆうと	1	1	国語	◎
…	…	…	…	…
新井ユミ	1	1	国語	◎
…	…	…	…	…
横山はるき	6	3	体育	○
井上ミサキ	6	1	国語	△
…	…	…	…	…
山崎そうた	6	3	体育	◎

図 3.4 成績テーブル

いと思いますが，ここで大事なことは，先にも述べましたが，これらのテーブルが集まって，1つの**データベース**をなすということです．さらに，でき上がったデータベースに名前を付けることで，他のデータベースと区別することができます．たとえば，この小学校の名前は花見台小学校だったので，**花見台小学校データベース**と名付けることができます．そして，このデータベースは（上記の例では）**学級担任**，**クラス分け**，**成績**という3枚のテーブルからなっているというわけです．その様子を図3.5に示します．

なお，大きな組織体では，そのデータベースを構成するテーブルの数は数枚，数十枚なんてものではなく，何百枚，何千枚にもなる

学級担任		クラス分け		成績		
教職員氏名	学級名	児童氏名	学級名	児童氏名	...	評価
佐藤美咲	1年1組	青木ユイ	1年1組	青木ユイ	...	◎
...						...
吉田彩香	6年2組	山崎そうた	6年2組	山崎そうた	...	◎

図 3.5 花見台小学校データベース

場合があります．実際には，データベースはとても巨大になりうるということです．その実感は，ここで論じている玩具のようなデータベースでは湧きづらいですが，ただ，このようなシンプルな例でも随分とデータベースのことは語れるのです．

3.3 スキーマとインスタンス

ここまでの議論で，ようやく，データベースとは何か，が少しはっきり見えてきたのではないでしょうか？ 実は，これまで述べてきた考え方にしたがって作成してみたデータベースは，今日の世界を席巻している**リレーショナルデータベース**となっているのです．リレーショナルデータベースの詳細は次章で与えますが，その理解を深めるためにも，ここで**テーブル**という言葉が担う二面性について述べておきましょう．

そこで，たとえば，**学級担任**テーブルに着目してみましょう．このテーブルには，花見台小学校のすべての学級担任のデータが集められているので学級担任という名前が付けられました．

さて，この**学級担任**テーブルは2列からなっていましたね．最初

の列は学級を担任する教職員氏名を表していて，第2列は担任する学級名を表しています．それらは**学級担任**テーブルの列の頭に**列名**（column name）として明記されていました．図3.2に示されている通りです．

このとき，テーブルがそのような構造となっていることを明示するために，次のような書き方をすることとします．

学級担任(教職員氏名, 学級名)

学級担任(教職員氏名, 学級名) という書き方を見て，おやっ？と思われた読者も多いのではないでしょうか？ 2.3節で，佐藤美咲先生は1年1組の担任でしたから，その事実は次のような形で記述されました．

学級担任(佐藤美咲, 1年1組)

では，両者の関係は一体どのように説明されるのでしょうか？ 似ていますが，違いますね．その関係性は次のように説明されます．

スキーマとインスタンス

まず，**学級担任**(教職員氏名, 学級名) は**学級担任**テーブルの構造を表しています．つまり，このテーブルの名前は学級担任で，それは教職員氏名と学級名と名付けられた2本の列からなっていることを表しています．データベースではこの構造のことを**スキーマ**（schema）といいます．一方，**学級担任**(佐藤美咲, 1年1組) は (佐藤美咲, 1年1組) という組が**学級担任**テーブルの1行（row），つまり1つの「データ」であることを表しています．花見台小学校は各学年2学級編成でしたから，佐藤美咲先生以外に11人の学級担任が

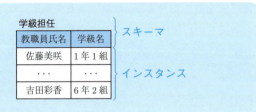

図 3.6 テーブルのスキーマとインスタンス

いるはずで，全員をテーブルに挿入すると，図 3.2 に示された通り計 12 本の行からなる**学級担任**テーブルができ上がります．このとき，このテーブルを**学級担任スキーマのインスタンス**（instance）といいます．ここで，インスタンスとは，その時点での値，この例ではその時点で学級担任をしているすべての教職員氏名と学級名の組からなる集合をいいます．したがって，もし学級担任が，事情があって学期の途中で変わるようなことがあると，インスタンスはそれを反映して変化します．このように，インスタンスとしての**学級担任**テーブルは実世界が変化するとそれに応じて時々刻々変化する性質を有するのですが，そのテーブルの構造を表している**学級担任スキーマ**は時間的に不変です．図 3.6 に**学級担任**テーブルを例にして，テーブルのスキーマとインスタンスの関係を示します．

3.4 データベースを構築するということは

さて，スキーマとインスタンス，少し小難しい話をしましたが，両者の違いと，一方で関係性を理解することにより，データベースを構築するということは，次の 2 つのステップを踏むことであるということが分かります．

3.4 データベースを構築するということは

- **第一歩**：データベースを構成するテーブルのスキーマを決める．
- **第二歩**：インスタンスとしてのテーブルにデータを投入していく．

第一歩については，第7章でもっとしっかり述べますが，まずデータベース化の対象となった実世界の姿かたちを認識して，その結果としてテーブル（の構造），ひいてはデータベース（の構造）がスキーマとして見えてくるというというわけです．それを受けて，第二歩はアクセプタが出力してくるデータをインスタンスとしてのテーブルにどんどん入力するステップです．その結果，コンテンツたっぷりのデータベースができ上がるわけです．

4 リレーショナルデータベース

　前章で，アクセプタが実世界を観測・観察し，その結果吐き出してきたデータを同じ意味解釈ルールを持つもの同士でまとめ上げてテーブルとすると，それらテーブルの集まりが，実は，今，世界を席巻しているリレーショナルデータベースとなっていると説明しました．本章ではリレーショナルデータベースの要点を解説します．

4.1 リレーショナルデータモデルの誕生

　データベースの歴史は1960年代前半までさかのぼることができます．世界で一番初めに稼働したデータベースはレコード（つまり，データのこと）を網の目のようにつないで実現していたので，ネットワークデータベースと称されました．しかし，ネットワークデータベースは構造が複雑で，それを一般のユーザが操るには相当のプログラミング能力を必要とし，一部のプロしか扱えないような小難しい世界でした．それでは，データベースに対する問合せもままなりませんし，データベースを使ったアプリケーションプログラムの開発の生産性も上がるはずがありません．

　これではいけないと，それまでのデータベースの世界観を覆し，誰にでも使える分かり易いリレーショナルデータベース（relational

4.1 リレーショナルデータモデルの誕生

database)を考案したのが,米国のIBM サンホゼ(San Jose)[♠1]研究所のコッド博士(Dr. Edgar F. Codd)です.1970 年のことでした.

ただ,このリレーショナルデータベースの基礎理論,これを**リレーショナルデータモデル**といいますが,それは集合[♠2]の性質や集合と集合の間の関係などを数学的に明らかにしようとする**集合論**(set theory)に立脚した極めて形式的なモデルでしかなかっ

写真 コッド博士の写真

たので,当然のことながら,そのような理想的なデータベースがコンピュータ上で実現できるのか否かが大いに問題となりました.しかしながら,コッド博士のおひざ元の IBM サンホゼ研究所ではSystem R と名付けられた試作システムが,米国はカリフォルニア大学バークレー校ではINGRES(イングレス)と名付けられた試作システムが構築され成功を収めました.その結果,約 10 年の歳月を要して,それぞれが製品化されたり,OSS(Open Source Software,オープンソースソフトウェア)として提供されたりして,リレーショナルデータベースは現在,世界を席巻する興隆を見るまでになりました.IBM

[♠1] San Jose はスペイン語なので,サンホゼと明瞭に発音します.日本では,サンノゼあるいはサノゼなどと発音するかのように記している例を多見しますが,現地の人は顔をしかめます.

[♠2] 集合(set)とは,異なる元(げん)(element,要素ともいう)の集まりです.たとえば,数の集まり{1, 2, 5, 8}は集合です.しかし{1, 2, 2, 5, 8}は集合ではありません.なぜならば,2 という元が重複しているからです.これはバッグ(bag,袋)といいます.

社が提供する商用のリレーショナルデータベースシステム DB2 は System R の流れを汲むものですし，現在 OSS として誰でも無償でダウンロードできるリレーショナルデータベースシステムとして世界規模で数多くの導入実績のあるPostgreSQL（ポストグレスキューエル）は INGRES の発展形です．米国の Oracle 社も早い段階からリレーショナルデータベースシステムの開発に取り組み，Oracle Database は現在世界で最も実績のある商用のシステムです．我が国でも日立製作所は HiRDB（ハイアールディービー）という商用のリレーショナルデータベースシステムを開発して多くのデータベースの現場で用いられています．

4.2 リレーショナルデータモデル

さて，リレーショナルデータモデルでリレーションがどのように定義されているのか，見てみましょう．コッド博士が提案したリレーショナルデータモデルでは，実世界をアクセプタが観測・観察して，その結果得られるデータを**リレーション**（relation，関係）として表現していきます．ここで，リレーションとは3.2節で導入したテーブルとほぼ同義となりますが，リレーショナルデータモデルではリレーションは数学的に集合を使って定義されるので，より数学的に厳密な性質を有することになります．以下，その触りを示したいと思いますが，そのために少し準備をします．

ドメインと直積

まず，**ドメイン**（domain）を定義します．ここで，ドメインとは任意の集合をいいます．たとえば，数の集まり{1, 2, 5, 8}やアルファベットの集まり{a, b, c}はドメインです．これまでの例に照ら

4.2 リレーショナルデータモデル

せば，たとえば，氏名の集合である{佐藤美咲, 鈴木翔太, 青木ユイ, 阿部ゆうと, ...}はドメインですし，学級名の集合である{1年1組, 1年2組, 2年1組, ..., 6年2組}はドメインです．集合には名前を付けることができて，たとえば，$S = \{1, 2, 5, 8\}$ という具合に表せます（S が名前）．また，x が S の元（＝ 要素）であることを，$x \in S$，あるいは $S \ni x$ と書きます．

加えて，集合の**直積**（direct product，あるいは Cartesian product）という概念を理解しましょう．今，S と T を2つの集合とします．このとき，S と T の直積を $S \times T$ と書き，それは次のように定義されます．

$$S \times T = \{(x, y) | x \in S, y \in T\}$$

たとえば，氏名の集合と学級の集合を次のようにしましょう．

氏名 = {佐藤美咲, 鈴木翔太, ..., 青木ユイ, 井上ミサキ, 横山はるき, ...},

学級 = {1年1組, 1年2組, 2年1組, ..., 6年2組}

このとき，名前 × 学級 は次のようになります．

氏名 × 学級 = {(佐藤美咲, 1年1組), (佐藤美咲, 1年2組), ..., (鈴木翔太, 1年1組), (鈴木翔太, 1年2組), ..., (青木ユイ, 1年1組), (青木ユイ, 1年2組), ...}

つまり，氏名 × 学級 という直積は氏名の元と学級の元のすべての組合せからなる集合ということになります．ここまでが理解できれ

ば，リレーショナルデータモデルの最も基本的な構成要素であるリレーション（relation，関係）とは何かをきちんと定義できます．次の通りです．

リレーション

> **リレーションの定義**
>
> $D_1, D_2, \ldots, D_n$ をドメインとする．このとき，$D_1, D_2, \ldots, D_n$ 上のリレーション R とは，直積 $D_1 \times D_2 \times \cdots \times D_n$ の有限部分集合である：
>
> $$D_1 \times D_2 \times \cdots \times D_n \supseteq R$$

ここに，$\supseteq$ は部分集合を表す記号で，たとえば，$S \supseteq T$ ということは，$x \in T$ ならば $x \in S$ が成立することを意味します．この逆は必ずしも成立する必要はありません．また，有限であることを条件にしているのは，無限だとコンピュータにリレーションを格納できないからです．

リレーションの例 たとえば，$n = 2$ として D_1, D_2 を次のようだとします．

$$D_1 = 氏名$$
$$D_2 = 学級$$

このとき，$D_1 \times D_2 =$ 氏名 × 学級 は先に示した通りです．このとき，もし，リレーション **学級担任** を作りたいのであれば，直積である 氏名 × 学級 の元の中から，丁度この小学校の学級担任を表している元だけを抜き出して，それら全体からな

る集合をリレーション**学級担任**とすればよいわけです．同様に，リレーション**クラス分け**も $D_1 \times D_2 =$ 氏名 × 学級 の有限部分集合として定義できることが分かりますね．

このようにして，リレーショナルデータモデルの核心であるリレーションを定義することができました．

なお，3.3 節で，テーブルのスキーマとインスタンスの話をしましたが，リレーショナルデータモデルでも同様な関係性が成立します．上の学級担任の例では，ドメイン D_1 と D_2 を氏名と学級としましたが，それらをリレーション学級担任の**属性**（attribute）と捉えて，**学級担任**(氏名, 学級) をリレーション**学級担任**の構造を表すと捉えて，**リレーションスキーマ**と呼びます．これは，テーブルのスキーマとインスタンスの関係と同じですね．

リレーションとテーブルの違い

さて，ここで 1 つだけ注意しておきたいことがあります．前章で，同じ意味解釈ルールのデータ同士を集めて 1 枚のテーブルを作り上げました．そのようにしてでき上がった「テーブル」と本章で導入した「リレーション」は同じなのでしょうか？ あるいは違うものなのでしょうか？ 答えは，ほとんど同じなのですが，ある点だけ違うのです．では，何が違うのでしょうか？ 答えは，リレーションは**集合**（set）なのですが，テーブルは一般にバッグ（bag）で構わないという点です（バッグのことは脚注 ♠2 を見てください）．具体的には，どういうことでしょうか？ 図 3.3 で示した花見台小学校データベースの**クラス分け**テーブルを事例として考えてみます．

そこで，花見台小学校の1年生に青木ユイという氏名の児童が2人いて，共に1年1組にクラス分けされたとしましょう．このとき，図3.3に示した**クラス分け**テーブルには(青木ユイ,1年1組)という行が2本現れることになります．テーブルはバッグでも構わないからです．しかし，$D_1 \times D_2 =$ 氏名 × 学級 の有限部分集合として定義されるリレーション**クラス分け**では(青木ユイ,1年1組)という行は1本しか登録できません．リレーションは集合として定義されましたから，行が重複して出現することは許されないからです．そうすると，困りましたね？2人いる青木ユイがリレーション**クラス分け**を見ると，1人しかいないように見えます．リレーショナルデータベースでは，このような不都合が起こらないようにするために，「キー」という概念をしっかりと持って対応します．それを次節で見てみますが，テーブルは一般に重複した行の出現を許すのですが，リレーショナルデータモデルに忠実に，キーを持つように作れば，それはリレーションです．

4.3 キーと主キー

4.3.1 キー

有限個のドメインの有限部分集合と定義されたリレーションは1つの大きな特徴を有しています．それが**キー**（key）の存在です．キーは，リレーションは集合である，つまり集合とは異なる元の集まりなので，リレーションに同じ行は重複しては現れないという性質から導かれます．

そこで，花見台小学校の児童のクラス分けを例にとり，この問題

4.3 キーと主キー

を考察してみましょう．

まず，花見台小学校には現在もこれからも決して同姓同名の児童は入学してこないのだ，という場合を考えてみます．このときは，図 3.3 に示した**クラス分け**テーブルはそのままリレーション**クラス分け**になります．なぜならば，同姓同名の児童は決していないので，**クラス分け**テーブルのすべての行は異なるからです．たとえば，**クラス分け**テーブルには，(青木ユイ, 1 年 1 組) という行はこれ 1 本しか現れません．

では，この場合，**クラス分け**テーブルに登録されている多数の行から，この行 1 本を特定する，つまりこの行を一意に識別するためにはどうしたらよいでしょうか？ 1 年 1 組という学級名を指定すると，1 年 1 組の児童全員の行が該当しますから，一意識別とはなりません．しかし，青木ユイという児童氏名を指定したらどうでしょうか？ このときは，この小学校には同姓同名の児童はいないので，(青木ユイ, 1 年 1 組) という行を一意に識別できます．このとき，児童氏名はリレーション**クラス分け**のキーとなります♠3．

次に，もし同姓同名の児童が同時に在籍しているとするならば，一体何が起こるでしょうか？ 2 つのケースが考えられます．

まず，同姓同名の児童はいるが，必ず異なる学級にクラス分けすることが可能な場合です．このときは，児童氏名，それだけではキーにはなりえませんが，児童氏名と学級名の対 (pair) を考えると，それはキーになります．図 3.3 に示した**クラス分け**テーブルはそのま

♠3キーは，そのすべてのインスタンスに対して成立しないといけないスキーマの性質なので，厳密には，リレーションスキーマ **クラス分け** のキーと書かなければならないのですが，簡素にこう書くことにします．以下，同様です．

まリレーション **クラス分け** になり，この場合，児童氏名と学級名を元とする集合{児童氏名, 学級名}がリレーション **クラス分け** のキーとなります．

次に，同姓同名の児童がいて，かつ必ず異なる学級にクラス分けできるとは限らない場合には何が起こるでしょうか？ たとえば，**クラス分け**テーブルに (青木ユイ, 1年1組) という行が2本現れるというような場合です．このときは，**クラス分け**テーブルは集合ではなくバッグであるということですから，それがそのままリレーション **クラス分け** とはなりません．では，どう対処すればよいのでしょうか？ ひとつの解決策は，児童を識別するために，児童に新たに学籍番号という**属性** (attribute，テーブルの列に同じ) を持たせることです．つまり，図3.3のクラス分けテーブルをそのままリレーション **クラス分け** とするのではなく，新たにリレーション **クラス分け** を次のように定義することにします♠[4].

クラス分け (学籍番号, 児童氏名, 学級名)

そうすると，異なる児童に対して，同じ学籍番号を与えることはしないでしょうから，このときは学籍番号がキーになります．

なお，上に示したように，キーは単一の属性（= 列）であったり（児童氏名や学籍番号がキーとなったケース），あるいは複数の属性の組であったり（{児童氏名, 学級名}がキーとなったケース）しますが，どの列（の組合せ）がキーとなるかは，データベース化の対象となった実世界によるということです．

♠[4] リレーション **クラス分け** がリレーションスキーマ **クラス分け** の1つのインスタンスとして定義されるという意味です．以下，同様です．

4.3.2 主キーとキー制約,そして空

さて,リレーションにはキーが存在することを上で示しましたが,1 枚のリレーションには一般に複数個のキーが存在すことがあります.そのようなときに,データベースデザイナはどのようにこのような状況に対処すればよいのでしょうか? それを見てみましょう.

主 キ ー

一般に,リレーションに複数個のキーが存在することがあります.たとえば,次のようなリレーション **教職員** を考えてみましょう.

教職員 (教職員番号, 教職員氏名, 職名, 給与, マイナンバー)

このとき,教職員番号もそうですが,マイナンバー (= 個人番号) も教職員を一意に識別できる能力を持っていますね.したがって,どちらもキーです.これらは**候補キー**と呼ばれますが,このようなとき,データベースデザイナは候補から 1 つを選んで,それを**主キー** (primary key) とします.どれを選ぶかはデータベースデザイナの裁量ですが,たとえば,教職員番号を主キーとするかもしれません (キーが 1 つしかない場合は,自ずとそれが主キーになります).

主キーについて補足します.主キーとされた列名にアンダーバーを付けて,これが主キーだよ,と明示します.たとえば,**教職員** (教職員番号, 教職員氏名, 職名, 給与, マイナンバー) という具合です.図 3.2〜図 3.4 では主キーを明示していませんでしたが,**学級担任**テーブルでは,学級担任の先生と学級が 1 対 1 の関係にあれば,**学級担任** (教職員氏名, 学級名) あるいは**学級担任** (教職員氏

名, 学級名) と，どちらを主キーにしても構いません (データベースデザイナが決めればよいのです)．**クラス分け** (児童氏名, 学級名)，**成績** (児童氏名, 学年, 学期, 教科名, 評価) でしょう．念押しの必要はないとは思いますが，**成績**テーブルについては，{児童氏名, 学年, 学期, 教科名}が主キーということです．もちろん，これらの例では，同姓同名の教職員や児童はいないと仮定しました．

キー制約

さて，1つ注意しないといけないことがあります．主キーとされると，主キーを構成する列は必ず値を持たないといけません．値を持たないと行を一意識別できなくなるからです．これを**キー制約**（key constraint）といいます．属性が値を持たないことを，空（null）を表す記号，本書では「—」，システムによっては「NULL」を入れて表しますが，キー制約は次節で述べるリレーションの正規化のところで重要な働きをするので，もう少し説明を加えましょう．

> **キー制約の定義**
>
> 主キーを構成する属性はいかなるときにも，空となることは許されない．

空

まず，空がどうして必要かというと，リレーションに行を挿入しようとしたとき，何らかの理由で，ある属性のとるべき値（value）が分からない場合があります．たとえば，上記のリレーション**教職員** (教職員番号, 教職員氏名, 職名, 給与, マイナンバー) に新任の教職員を挿入しようとしたときに，教職員番号，教職員氏名，職名，給

4.3 キーと主キー

与の値は分かるのだけれども,その時点ではマイナンバーが分からない,というようなケースが考えられると思います.値が分からなければ,—を値の代わりに入れてその場をしのぎます.ただ,もし値の分からない属性が主キーを構成している属性の場合は,それは許されません.それを主張しているのが**キー制約**で,その理由は次に述べる通りです.

たとえば,リレーション**教職員**において,たまたま,すでに在職している教職員,たとえば,(201007, 佐藤美咲, 教諭, 30, 012345678901) と同姓同名の新任教諭が着任したとします.ただ,まだ教職員番号,給与,マイナンバーの値が未知で,とりあえず (—, 佐藤美咲, 教諭, —, —) をリレーション**教職員**に挿入できたとしましょう.そうすると,困ったことが起こります.たとえば,この小学校には佐藤美咲先生は 2 人いるのでしょうか? あるいは何らかのミスで本来は 1 人しかいない佐藤美咲先生が二重登録されてしまったのでしょうか? リレーション**教職員**を眺めている限りではその曖昧性を解消することは決してできません.しかし,新任の佐藤美咲先生の教職員番号が与えられているのであれば,たとえ給与やマイナンバーの値が未知でもその行,たとえば,(202002, 佐藤美咲, 教諭, —, —) は正しくリレーション**教職員**に挿入できて,この小学校には佐藤美咲先生は 2 人いるのだ,ということが分かるわけです.これがキー制約の意味しているところです.

先に,キーが複数個ある場合,データベースデザイナはそのうちのどれか 1 つを選んで主キーとすると述べましたが,どれを主キーとするかを選択するにあたっては,キー制約のことを念頭におき

つつ，構築されるデータベースの利用者の立場に立ってみると，自ずと解が出るように思います．上記のリレーション **教職員** の場合，マイナンバーを主キーとするよりは，教職員番号を主キーとするでしょう（税務署などでは，マイナンバーが主キーとなるかもしれませんね）．

4.4 リレーションの正規化

リレーショナルデータベース理論には，リレーションの正規化という，データベースを設計する上では避けては通れない原則があります．そのことを心得ておくために，そのエッセンスに触れておきます．

4.4.1 リレーションの正規形

リレーショナルデータベース理論によれば，リレーションには次の7種があります．

- 非正規形リレーション
- 第1正規形リレーション
- 第2正規形リレーション
- 第3正規形リレーション
- ボイス–コッド正規形リレーション
- 第4正規形リレーション
- 第5正規形リレーション

上から下に向かって，リレーションの正規度は上がっていて，（これから少し述べますが）リレーションの更新時異状，つまりリレーションから行を削除，書換，あるいは新たな行を挿入しようとした

ときに発生するかもしれない異状（＝不都合），の発生を抑制します．リレーショナルデータベースでは，リレーションは少なくとも第1正規形でないといけません．これはリレーショナルデータモデルの提案者であるコッド博士がそう決めました．データベース理論をいたずらに難しくしないための卓見です．実際にリレーショナルデータベースをどのようにして構築するかは第7章で話しますが，そこで設計したリレーションは第1正規形になっています．ただ，たとえば，第3正規形になっているか，といわれれば，その保障の限りではありません．もう少し，詳しく述べましょう．

非第1正規形とその正規化

まず，非第1正規形から見てみましょう．たとえば，自分の友達を表すリレーション**友人**(氏名, 趣味) を定義したとします（同姓同名の友人はいないと仮定します）．そして，友人を図4.1(a) のように挿入したとします．しかし，このリレーション**友人**は第1正規形ではありません．なぜならば，氏名という属性の値が (初音, ミク) などと組 (pair) になっていますし，加えて，趣味という属性の値も{歌, ダンス}と集合になっているからです．そのように，組で

友人

氏名	趣味
(初音, ミク)	{歌, ダンス}
(鉄腕, アトム)	旅

友人

姓	名	趣味
初音	ミク	歌
初音	ミク	ダンス
鉄腕	アトム	旅

(a) 非第1正規形のリレーション　　(b) 第1正規形のリレーション
　　友人　　　　　　　　　　　　　　　　友人

図4.1 非第1正規形リレーションとその正規化

あったり集合であったりするような値を「単純（simple）でない」といいます．リレーショナルデータベースの理論では，リレーションは単純な値しか許しません．したがって，非第1正規形のリレーション**友人**をそのように作成した気持ちは十分分かるのですが，同図(b)に描かれたように，リレーションの属性値はすべて単純でないといけないのです．つまり，図4.1(a)に示された非第1正規形のリレーション**友人**は，同図(b)に示された第1正規形のリレーション**友人**に正規化されねばなりません（このリレーションの主キーは{姓, 名, 趣味}となります）．

4.4.2 更新時異状の発生と解消

では，リレーションは第1正規形であれば，問題ないのでしょうか？ 実は，リレーションは第1正規形となっているだけでは，そのリレーションから行を削除したり，書き換えたり，あるいはそのリレーションに新たな行を挿入しようとしたときに異状（＝不都合）が発生し，困ったことになるのです．これを更新時異状（update anomaly）といいます．この異状はリレーションの正規度を上げていくことで解消されていきます．つまり，第1正規形のリレーションで発生した異状はそのリレーションを第2正規形のリレーションに（情報無損失）分解すると消えます．同様に，第2正規形のリレーションで発生した異状はそのリレーションを第3正規形のリレーションに（情報無損失）分解すると消えます．以下，同様です．以下，幾つか例を示しますが，更新時異状の発生を解消するには高次の正規化が必要となるわけです．

ただ，リレーショナルデータベースを設計するにあたっては，リ

レーションはすべて第5正規形まで♠5正規度を上げるべく，分解に分解を重ねないといけないのですか？と問われれば，そうではありません．正規度を上げていくと，次は新たな問題が発生します．たとえば，関数従属性といった本来リレーションが守らないといけない意味的制約が分解によって定義できなくなってしまい，データベースの一貫性，つまりデータベース内でデータ間に矛盾がないこと，を担保できなくなります．そのようなことから，データベース構築の現場では，「リレーションは第3正規形まで正規度を上げておけばよい」というコンセンサスができ上がっているのです．

以下，更新時異状の具体的な説明を交えながら，第2正規形と第3正規形のリレーションとはどういうリレーションなのか見てみましょう．

4.4.3 第2正規形のリレーション

第1正規形ではあるが，第2正規形ではないので，更新時異状が発生するリレーションとそのリレーションの正規化を見てみましょう．たとえば，図4.2に示されるリレーション**研修**を考えましょう．

このリレーションが第1正規形であることは明らかです．次に，このリレーションの主キーは{氏名, 科目名}です．すなわち，氏名を指定しただけでは成績は特定できませんし，科目名を指定しただけでも成績は特定できませんが，氏名と科目名の組{氏名, 科目名}が決まると，成績を特定できます．繰り返しになってしまいますが，初音ミクを指定しただけでは成績はAなのかCなのか特定できま

♠5 正規化理論に第6正規形という概念はありません[2]．

研修

氏名	科目名	成績	単位数
初音ミク	音楽	A	2
初音ミク	理科	C	2
鉄腕アトム	理科	A	2

図 4.2 第 1 正規形であって第 2 正規形でない
リレーション **研修**

せんが，氏名 = 初音ミク かつ 科目名 = 音楽 と指定すれば，成績は A と特定できるわけです．リレーショナルデータベース理論ではこの性質を，成績は{氏名, 科目名}に**完全関数従属**しているといいます．

では，視点を変えて，単位数[♠6]はどうでしょうか？ 単位数を特定するには科目名が分かればそれで十分ですね．{氏名, 科目名}が決まると単位数を特定できることはもちろんですが，単位数を決めるためには科目名の特定があれば必要かつ十分であって，氏名を特定する必要はありません．このとき，単位数は{氏名, 科目名}に関数従属はしているが，完全関数従属はしていない，単位数は科目名に完全関数従属している，ということになります．

このとき，第 2 正規形のリレーションを次のように定義することができます．ここに，キーでない属性を**非キー属性**といいます．たとえば，図 4.2 に示したリレーション **研修** では，成績と単位数が非キー属性です．

[♠6]週あたりの授業時間数．

第 2 正規形リレーションの定義

すべての非キー属性がいかなる候補キーにも完全関数従属している第 1 正規形のリレーションを第 2 正規形という.

リレーション **研修** では，単位数という非キー属性がキー{氏名, 科目名}に完全関数従属していないので，それは第 2 正規形ではないということになります.

第 2 正規形での更新時異状

では，リレーションは第 2 正規形でないと，そのリレーションを更新したときに，どのような不都合が発生するのでしょうか？ これには，先述のキー制約が絡んできます．たとえば，リレーション **研修** に新たな行を挿入しようとしたときに，キー制約を守らないと異状が発生します．具体的には，研修科目に，新たに哲学, 2 単位を新設したとします．しかしまだ研修者が現れないので，とりあえず，次の行をリレーション **研修** に挿入しておこうと考えたとします．

| — | 哲学 | — | 2 |

しかし，残念ながら，この挿入は許されませんね．なぜならば，主キーを構成している氏名に値がなく，空（—）だからです.

さて，ここが考えどころなのですが，曖昧な行の挿入を許さないというキー制約の趣旨はよく分かるのですが，まだ研修者がいないという理由で, (哲学, 2) というデータをデータベースに格納しておけないというのは，不都合だと思うわけです．何とかできないものなのでしょうか.

情報無損失分解

では，どうすれば上記のような異状（＝ 不都合）の発生を解消することができるのでしょうか？　答えは，リレーション **研修** を図 4.3 に示すように 2 つの成分，これらをリレーション **研修成績** とリレーション **研修科目** と名付けてみました，に分解することです．

ここで大事なことは次の 2 つです．

(1) もはや，上述の更新時異状は発生しない．
(2) 分解された 2 つの成分を自然結合♠7（natural join）すると，元のリレーション **研修**（図 4.2）が復元できる．

まず，(1) についてですが，哲学，2 単位の新設はリレーション **研修科目** に次を挿入すればよいわけですから，まだ研修者が現れていなくても，問題なく挿入できますね．

哲学	2

次に，(2) についてですが，リレーション **研修成績** とリレーション **研修科目** は共通した属性 科目名を持っています．そうすると，科目名が同じ値を持っている **研修成績** の行と **研修科目** の行を自然結

研修成績

氏名	科目名	成績
初音ミク	音楽	A
初音ミク	理科	C
鉄腕アトム	理科	A

研修科目

科目名	単位数
音楽	2
理科	2

図 4.3 リレーション **研修** の情報無損失分解

♠7 2 つのリレーションの共通した列がとる値が等しい行同士を結合する演算をいいます．

合（natural join）することができます（∗で自然結合演算を表します）．次のような具合です．

そうすると，自然結合演算を2つのリレーションを構成しているすべての行同士に適用すると，結果として **研修成績** ∗ **研修科目** = **研修** となります．すなわち，更新時異状をなくするためにリレーション **研修** を2つの成分 **研修成績** と **研修科目** に分解したのですが，この2つの分解成分を自然結合すると**研修**が復元できるので，失われたものは何もなく，したがって，**情報無損失分解**というわけです．

さらに，リレーション **研修成績** の主キーは{氏名, 科目名}で，**研修科目** の主キーは科目名ですが，いずれのリレーションも第2正規形となっています．

4.4.4 第3正規形のリレーション

リレーションは第2正規形にするべきであると上で述べました．では，リレーションは第2正規形にすればもう更新時異状は発生しないのでしょうか？ 残念ながら，また新たな種類の異状が発生するのです．図4.4に示したような例を考えましょう．

この図に示したリレーション **プロジェクト** はこの学校で推進しているプロジェクトの名前とリーダ（= 責任者）の名前，そしてそのリーダのメールアドレスを記録しています．プロジェクト名が主キーで，したがって，このリレーションは第2正規形です．

しかし，このリレーションは第2正規形になっているのに，やは

プロジェクト		
プロジェクト名	リーダ名	連絡先
教育推進	初音ミク	miku@
校務合理化	鉄腕アトム	atom@
課外活動	初音ミク	miku@

図 4.4 第 2 正規形のリレーション プロジェクト

り更新時異状が発生してしまいます．たとえば，新たにプロジェクトを立ち上げようとして準備していますが，まだプロジェクト名は決まっていません．しかし，そのリーダは決まっているとします．リーダ名は矢吹丈，連絡先は joe@です．そうすると，次の行をリレーション プロジェクトに挿入したくなります．

―	矢吹丈	joe@

　残念ながら，このリレーションの主キーであるプロジェクト名に入るべき値がないので，キー制約に抵触してそれは叶いません．しかし，もしこのリレーションを図 4.5 に示した 2 つのリレーションに情報無損分解したらどうでしょうか？ 問題は解消していますね．なぜでしょうか？ それは，連絡先はプロジェクト名が決まると一意に決まることではあるのですが，実はリーダ名が決まれば決まることなので，プロジェクト名との関係は（リーダ名を介した）間接的な関係である，つまり，プロジェクト名とリーダ名の関係とリーダ名と連絡先の関係の 2 つに切り離せるから，それを峻別しないといけなかったということです．このように A が決まれば B が決まり，B が決まれば C が決まるという，いわば三段跳びのホップ・

プロジェクト一覧	
プロジェクト名	リーダ名
教育推進	初音ミク
校務合理化	鉄腕アトム
課外活動	初音ミク

プロジェクトリーダ	
リーダ名	連絡先
初音ミク	miku@
鉄腕アトム	atom@

図 4.5 リレーション プロジェクト の情報無損失分解

ステップ・ジャンプの関係にある関数従属性を**推移的関数従属性**といいますが，そのような関数従属性があるリレーションは（第2正規形ではあっても）第3正規形ではありません．一方，図4.5に示された2つのリレーションは第3正規形です．そのようなことが起こらないからです．

ここで，第3正規形のリレーションの定義を与えておきましょう．

第3正規形リレーションの定義
すべての非キー属性がいかなる候補キーにも推移的に関数従属していない第2正規形のリレーションを第3正規形という．

リレーショナルデータベースの正規化理論では，上述のような議論が第5正規形に至るまで，延々と続きます．しかし，現実には上で述べた第3正規形までリレーションを正規化すればリレーショナルデータベースの設計は終わったとします．理論と現実の程よい妥協点というわけです．もし，この理論に興味を抱き，徹底的に学んでみたいという気持ちを抱いた方は，拙著[1],[2] を手に取ってみてください．

4.5 次数の大きなリレーション

　リレーショナルデータベースはさまざまなリレーションの集合として定義されることを知りました．ただ，これまで例で示したリレーションは2列や3列といった，専門用語では次数（degree），すなわちリレーションを構成している属性（= 列）の数，が小さなリレーションばかりでした．話を簡単明解にするためでした．しかし，リレーションの次数は小さくなくてはならない，というような制約は全くありません．幾ら大きくても原理的には構いません．ただ，あまり次数が多くなると属性（= 列）間に先に説明した関数従属性が発生して第3正規形とならずに，データベース設計の観点からは問題を起こしてしまうことが多くなるので，注意はしないといけません．

　このことを少し小難しくいえば，リレーションには，単項リレーション，2項リレーション，3項リレーション，…，一般に n 項リレーションとさまざまなリレーションに分類することができます．次数の大きなリレーションとは n が大きいということです．たとえば，**学級担任**や**クラス分け**は2項リレーション（binary relation）です．なぜならば，学級担任は教職員 X と学級 Y を間の二項関係を表しているからです．たとえば，「横山はるきは算数で100点をとった」は，一般に「児童 X が教科 Y で Z 点という成績をとっているとき，成績という3項関係を定義して，**成績** (X, Y, Z) と書く」と決めれば3項リレーションとなります．一方，単に「横山はるきは（我が小学校の）児童である」は次のような単項リレーション（unary relation）で表せるでしょう．

児童 (横山はるき)

　ここで，応用問題です．読者の皆さんは4項リレーションや5項リレーションといった次数の大きなリレーション，つまり高次の多項リレーションの例を考えることができますか？ヒントを与えましょう．意外とシステマティックにそのようなリレーションを定義することができます．

　たとえば，要領を得た文書をまとめるために5W1Hや6W2Hなどといった確認事項がありますが，それを利用すると6項リレーションや8項リレーションをいともたやすく作ることができます．ここに，5W1Hは「When, Where, Who, What, Why, How」で，6W2Hは「When, Where, Who, Whom, What, Why, How, How much」ですから，たとえば，「5月1日に銀座で石井拓也が小川愛にダイヤの指輪を婚約の証として現金100万円で購入した」は6W2Hになぞらえて，8項リレーションとして次のように表すことができるでしょう．

　　購入(5月1日, 銀座, 石井拓也, 小川愛, ダイヤの指輪,
　　　　婚約の証, 現金, 100万円)

4.6 データベースの閉世界仮説

　読者の方々は，ここまでデータベースのことを学んできたので，ここでひとつデータベースについて面白いことを紹介しましょう．データベースの**閉世界仮説**（closed world assumption）です．これはデータベースとは実世界の写し絵であると繰り返しいってきましたが，それはどういうことかをまた別の側面から語っているといえ

るかもしれません．

つまり，データベースは世の中の写し絵ですから，データベースはデータベース化の対象となった実世界を丁度表していなければなりません．つまり，表現に過不足があってはいけないのです．いい換えると，データベースに格納されている一枚一枚のリレーションについて，そのリレーションの行と実世界で起こっている事象との間に 1 対 1 のきちんとした対応関係がないといけないわけです．たとえば，リレーション **クラス分け** に行（= データ）として (青木ユイ, 1 年 1 組) があれば，実世界，つまりその小学校に実際に青木ユイという児童がいて，青木ユイは 1 年 1 組にクラス分けされていなければならないわけです．

そこで，この考え方を徹底してみます．すると，逆にデータベースに記述されていない事象は実世界で起こっていないといい切れるわけです．つまり，たとえば，花見台小学校データベースのリレーション **児童** はこの小学校に在籍している全児童の一覧であるとすれば，在籍している児童は 1 人残らずリレーション **児童** に格納されていないといけないわけで，逆にこのリレーションに格納されていない子供は花見台小学校の児童ではない，といい切れるわけです．このようなデータベースと実世界の関係性を閉世界仮説といいます．すなわち，我々がデータベースを構築したときには，実世界に存在しないデータが格納されていてはいけませんし，実世界に存在している事象がデータとして格納されていなくても困るわけです．この意味で，まさに「データベースは実世界の写し絵」なのです．

5 データと情報の違い

　本書のまえがきで，我が国ではデータと情報という言葉が相当に混乱して使われているようだ，これでよいのか，と苦言を呈しました．データと情報は何が，どう違うのか，データベースリテラシを身につける上では避けて通れない論点だと思うので，データベースへの問合せやデータベースシステムの話に移行する前に，ここでそのことについて少し述べておきたいと思います．

　まず，データですが，その定義は 2 章で述べた通りです．たとえば，「初音ミクの誕生日は 3 月 9 日である」という事象から，(初音ミク, 3 月 9 日) というデータが**誕生日**という意味解釈ルールのもとに，**誕生日**と名付けられたリレーションに格納されることになります．

　このとき，ある人がデータベースにリレーション **誕生日** があることを知って，「初音ミクの誕生日は？」と（何らかの方法で）問い合せたとします．するとデータベースシステムはそれが管理・運用するデータベースにリレーション **誕生日** が存在するかどうかを確認し，存在すればその中身を調べ，そこに (初音ミク, 3 月 9 日) という行（＝ データ）があれば，(3 月 9 日) という結果を問い合せた人に返すでしょう．

そうすると，問い合せた人は「初音ミクの誕生日は 3 月 9 日である」ということを知ることになりますが，このことは，データベース中のリレーション **誕生日** に格納されていた (初音ミク, 3 月 9 日) というデータに，この問合せの結果，「初音ミクの誕生日は 3 月 9 日である」という意味（meaning）が意味解釈ルールにより付与されたと解釈することができます．

　さて，このとき，もしこの問合せを発行した人が初音ミクの誕生日が 3 月 9 日であることをすでに知っていた場合には何が起こるでしょうか？ この場合，明らかにその人の**知識**（knowledge，知っていることの総体の意）は増加しません．したがって，リレーション **誕生日** に格納されていた (初音ミク, 3 月 9 日) というデータは (問い合せた人に) 情報をもたらさないわけです．なぜならば，「**情報とは知識の増分**」を意味するからです．

　一方，問い合せた人がミクの誕生日を知らなかった場合，そのデータはその人に情報をもたらしたことになります．なぜならば，その人の知識を増やしたからです．さらに，その人にとって，初音ミクの誕生日をとても知りたかったのであれば，その情報は大いに価値のある情報となるでしょう．そうでなければ，あまり大した情報にはなりません．ここで**価値付きの情報**という概念が生まれるわけです．

　このように，データは意味解釈されて意味となり，それは受け手（= 問い合せた人）の知識の増加を引き起こしたかどうかで情報となったりならなかったりし，さらに受け手の**価値観**が入り込んで価値付きの情報となると説明できます．それを図 5.1 に示します．

第5章 データと情報の違い

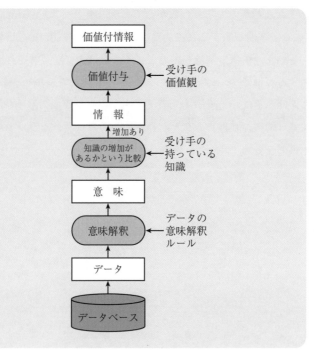

図 5.1 データと情報の関係

本書冒頭で,我が国ではデータと情報という言葉がきちんと使われていない,と苦言を呈しました.実際に,**データベース**は国語辞典ではどう定義されているのだろうか?と広辞苑(第七版)を引いてみると,「情報の基地」の意と記してあります.この定義に従えば,database は information base になってしまいます.筆者はとても驚きました.データベースに格納されている事象はデータであって,決して情報ではないのです.このことは上で説明し,図 5.1 に示したように,データが情報になるかならないかは,受け手次第

ということだからです．したがって，データベース♠1（database）の base を基地と訳すことに異論はありませんが，data を情報として，それを「情報の基地」の意とすることは大変な誤解を与えると危惧するわけです．あくまで，「データの基地」でしかありません．おもんばかるに，「情報になりうるかもしれない事象の基地」という意味で「情報の基地」の意と記したのかもしれませんが，少なくとも本書の読者は，データと情報の違いに常に敏感であってください．

♠1 古くは data bank（データの銀行）といわれていました．その後，data base となり，そして 1 語にまとまって database が市民権を得るようになりました．1970 年代の中頃です．

6 コンピュータに問い合せる

　人に何か物事を尋ねるときには，相手が分かる「ことば」を使って尋ねますよね．ここで，ことばと書きましたが，何も話し言葉に限りません．相手が理解できる形式といってよいかもしれません，そうでないと通じないわけですから．皆さんが海外旅行をしたときのことを想像してください．ことばが通じないときどうしますか？ひょっとすると身振り手振りで意思を伝えるかもしれません．いわゆるボディランゲージですね．では，データベースを相手にどのようにして会話するのでしょうか？

6.1 データベース言語

　折角，データベースを構築しても，それを利活用しなければそこにデータが眠っているだけですから，データが死蔵されているといっても過言ではありません．したがって，利用者とデータベースの会話は必須なのですが，では，どのようにすればデータベースと会話できるのでしょうか？　そのための言語を**データベース言語**（database language）といいます．データベース言語はデータベースとユーザとのインタフェース（interface）というわけです．データベースを使いたいと思う人はまずデータベース言語を習得して，それを使ってデータベースと会話するのです．データベース言語で

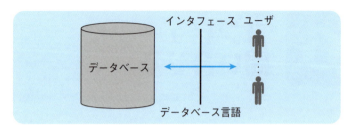

図 6.1 データベース言語

さまざまな要求を書き表して，データベースに投げかけて答えを得るのです．その様子を図 6.1 に示します．

さて，データベース言語を使って，ユーザはどのようなことができるのでしょうか？基本的には 2 つです．それらは，データベースに対する質問あるいは問合せ（query）と更新（update）です．たとえば，次に挙げるような例が典型的でしょう．

問合せ：「井上ミサキの 6 年 1 学期の国語の評価は？」
更新：「佐藤美咲の職名を教諭から副校長に更新したい」

問合せと更新に加えて，第三の機能を述べておきましょう．それはプログラミング機能の追加です．データベースのユーザの中には，単にデータベースに問合せを発行したり簡単なデータベース更新を発行するだけでなく，データベースを使ってより高度な処理をさまざまに行いたいと欲する人々もいます．たとえば，データベースを使って，社員のボーナスの計算をしたい，商店ならば在庫管理をしたい，理科の実験で得られたデータを駆使してさまざまな計算を行いたいとか，実にさまざまです．このような要求をこなすには，単なる問合せや更新要求が書けるだけでは機能不足で，データ

ベースの問合せや更新機能にプラスして，いわゆるプログラミング機能を求めてきます．そのためには，データベース機能とプログラミング機能が合体した能力を有する言語が必要になってきます．これについては，7.4 節で少し詳しく述べますが，データベース言語はこのような要求にも対応できるように開発されています．

さて，リレーショナルデータベースと会話するには一体どのような言語を使うのでしょうか，それを次節で示します．

6.2 SQL って何ですか？

リレーショナルデータベースと会話するために，SQL（エスキューエル）と名付けられた国際標準リレーショナルデータベース言語が制定されています．SQL は ISO（International Organization for Standardization，国際標準化機構）が定めたリレーショナルデータベースのための標準言語です．現在，世の中に出回っている商用あるいはオープンソースのリレーショナルデータベースシステムではすべてでSQL が使えるようになっています．したがって，SQL さえ学んでおけば，世界各国どこに行ってもリレーショナルデータベースを使えます．

さて，データベース言語に限りませんが，国際標準があるということはとても大事なことです．国際標準がないとさまざまな方言がまかり通ることになります．それはユーザにとって好ましいことではありません．たとえば，A 社のリレーショナルデータベースシステムを導入したとしましょう．そこで構築されたデータベースを使いこなすためには，A 社が定めたデータベース言語，これを L_A と

しましょう，を勉強することになります．A 社のシステムを使っている限り，何ら問題は生じません．しかし，もし A 社のシステムを B 社のシステムにリプレースしたらどういうことが起こるでしょうか？ B 社は B 社でまた独自のデータベース言語を開発しているでしょうから，これまで学んだ A 社流のデータベース言語 L_A では問合せや更新，あるいはデータベースの高度応用はうまくは動かないでしょう．ユーザは一から B 社のデータベース言語 L_B を勉強しなおさなければなりません．また A 社の定めた仕様にのっとって開発してきた応用プログラムは B 社のデータベースシステムの上では動きません．困りました... 逆のシチュエーションも考えられます．たとえば，B 社のシステムに習熟した C さんが A 社のシステムを使用している会社に転職してきたとしましょう．C さんは，A 社のデータベース言語 L_A を一から勉強しなおさないといけませんね．大変もったいないことです．しかしながら，もし A 社も B 社もすべてが共通したデータベース言語をサポートしていれば，こんな問題は発生しませんね？ 国際標準リレーショナルデータベース言語 SQL はそのような不都合が生じないために制定されたのです．

SQL 改正の歴史

世の中で初めての SQL は SQL-87 と名付けられ，国際標準リレーショナルデータベース言語であると ISO が 1987 年に定めました．我が国もいち早くそれを日本工業規格（JIS）として定めて，それは JIS X 3005 として規格化されています．SQL はその後，幾度となく改正されてその機能の充実が図られてきました．それらは SQL-92, SQL:1999, SQL:2008, SQL:2016 といった具合です．そ

れぞれ時代の流れに応じて要求される新しい機能が規格化されています．SQL は現在もその改正作業は継続されています．ただ，本書の目的はその改正を詳細に追うことではないので，これ以上は言及しませんが，興味のある方は拙著[2]を参照してください．

なお，余談ですが，SQL は元々は米国はカリフォルニア州サンホゼ市にあった IBM 社のサンホゼ研究所で研究・開発された System R と名付けられたリレーショナルデータベースシステムのために設計・実装されたデータベース言語SEQUELにそのルーツがあります．SEQUEL は Structured English Query Language，つまり構造化された英語による問合せ言語という意味の略語です．英語ではあるのだけれども，SELECT と FROM と WHERE という 3 つの英単語だけ覚えていれば，世界中どこへ行ってもデータベースに自分が知りたいことを問い合せることができるというわけです．米国といえども皆が英語がペラペラというわけではありません．そのような人々の中には生涯にわたって英語を使わないで済んでしまうという話も聞きますが，そのような人々でも SELECT と FROM と WHERE だけ知っていればデータベースが使えるというわけです．

6.3 SQL で問合せを書いてみる —さまざまな問合せ—

さて，SQL を使ってリレーショナルデータベースに問合せを発行してみましょう．リレーショナルデータベースは多数のリレーション（＝テーブル）からなることは再三見てきました．そしてそれらのリレーションは往々にして関連しています．したがって，リレーショナルデータベースに対する問合せは基本的には次の 3 つのカテゴリに分類することができます．

- **単純質問**：1枚のテーブルを対象に問合せを発行する．
- **結合質問**：2枚以上のテーブルを対象に問合せを発行する．
- **入れ子型質問**：質問の探索条件の中にまた質問が入る問合せをいう．

入れ子型質問は人の段階的思考に親和性の高い問合せの書き方です．以下，これらの質問をより詳しく見ていきましょう．

6.3.1 SQL の問合せ構文

以下，単純質問，結合質問，そして入れ子型質問の順で問合せをどのように書くのか見ていくことにします．SQL ではこれらの問合せはいずれも図 6.2 に示すような構文（syntax）にしたがって書くことになっています．これをまず説明しましょう．

> SELECT <値式$_1$>, <値式$_2$>, ... , <値式$_n$>
> FROM <テーブル参照$_1$>, <テーブル参照$_2$>, ... , <テーブル参照$_m$>
> WHERE <探索条件>

図 6.2 SQL の問合せ指定（SELECT 文）の基本構文

ここで注目するべきことは，まず，SQL で問い合せるということは，SELECT-FROM-WHERE の 3 つ組みでそれを書くということです．先にも述べましたが，これだけ分かれば誰でもどこでもリレーショナルデータベースに問合せを発行できる，ということです．

まず，SELECT 句では，<値式$_1$>, <値式$_2$>, ... , <値式$_n$> を <選択リスト> といいますが，問合せた結果をこのリストに合わせた形式で出力して欲しいということを宣言しています．次で，FROM 句では，<テーブル参照$_1$>, <テーブル参照$_2$>, ... ,

<テーブル参照$_m$> を <テーブル参照リスト> といいますが，この問合せを書くにあたって，これらのテーブルを使うということを宣言しているわけです．すべてが異なるテーブルである必要はありません．同じテーブルをそれらが担う役割を違えて指定して使うことができるからです．これらのリストが具体的に何を示すのかは，以下に示す例ですぐに理解していただけると思います．そして，問合せはFROM句で指定されるテーブル群を使って，WHERE句で指定する「探索条件」に合致する行や列を見付けて，選択リストで指定されているように結果を編集して，ユーザに返します．

問合せはSELECTで始まるので，SELECT文（SELECT statement）ともいいます．SELECT文を構成するFROM句に指定されたテーブル参照が1個の場合が単純質問になります．2個以上が結合質問となります．2個以上の場合，意味ある探索条件を書くには，それらのテーブルを結合（join）させることが必要となるからです．入れ子型質問とは探索条件の中にまたSELECT文が入る問合せをいうことになります．

また，SELECT文が処理されて，その結果を表すテーブルをSQLでは**導出表**（derived table）といいます．導出表の列にどのような名前が付与されるのかは，例を見ながら説明しましょう．

さて，問合せを簡単な例題を示しながら説明しますが，図6.3に示す**花見台小学校**データベースを想定することにしましょう♠[1]．

♠[1] 花見台小学校データベースは7章で作成しますが，ここではSQLの説明のために幾分簡略化しています．たとえば，同姓同名の教職員や児童はいないと仮定して，教職員や児童を一意識別するために本来は導入しておかないといけない教職員番号や学籍番号を省略したり，学級担任やクラス分けテーブルでは年度を省略しています．

教職員 (教職員氏名, 生年月日, 職名, 給与, 教職員現住所)
児童 (児童氏名, 生年月日, 性別, 児童現住所, 保護者氏名, 出身幼稚園保育園)
学級 (学級名, 学年, 組, 学級定数, 教室)
学級担任 (教職員氏名, 学級名)
クラス分け (児童氏名, 学級名)
成績 (児童氏名, 学年, 学期, 教科名, 評価)

(a) スキーマ群

教職員

教職員氏名	生年月日	職名	給与	教職員現住所
佐藤美咲	1993-05-28	教諭	30	本町
鈴木翔太	1995-07-15	教諭	28	栄町
…	…	…	…	…

児童

児童氏名	生年月日	性別	児童現住所	保護者氏名	出身幼稚園保育園
青木ユイ	2013-04-15	F	新町	青木一郎	みどり幼稚園
阿部ゆうと	2013-10-21	M	南町	阿部花子	グリーン保育園
…	…	…	…	…	…

学級

学級名	学年	組	学級定数	教室
1年1組	1	1	35	101
1年2組	1	2	35	102
…	…	…	…	…

学級担任

教職員氏名	学級名
佐藤美穂	1年1組
鈴木翔太	1年2組
…	…

成績

児童氏名	学年	学期	教科名	評価
青木ユイ	1	1	国語	◎
青木ユイ	1	2	国語	◎
青木ユイ	1	3	国語	◎
青木ユイ	1	1	算数	○
…	…	…	…	…

クラス分け

児童氏名	学級名
青木ユイ	1年1組
阿部ゆうと	1年1組
…	…

(b) インスタンス例

図 6.3 花見台小学校データベースを構成するテーブル群

6.3.2 単 純 質 問

花見台小学校データベースに，図 6.3 に示されているようなテーブルが格納されていると知ったら，どのような問合せを発行してみたいですか？以下に示す順で，体系的に単純質問を説明しましょう．

- テーブルをそのまま表示して欲しいという問合せ（例題 1）
- 関心のある列だけ知りたいという問合せ（射影演算）（例題 2）
- 条件に合う行だけ知りたいという問合せ（選択演算）（例題 3）
- 選択演算と射影演算の組合せ（例題 4）
- 値式を使う問合せ（例題 5）
- 集約関数を使う問合せ（例題 6）
- GROUP BY 句を使う問合せ（例題 7）

例題 1

花見台小学校にはどのような児童がいるかを知りたい．

Q_1 : SELECT *
　　　FROM 児童

ここに，*（アスターリスク）は児童テーブルを構成しているすべての列の名前からなるリストを表すための記号です（すべてを羅列すると一般に長くなるので，* 1 文字で済ます書き方です）．この例では，児童 (児童氏名, 生年月日, 性別, 児童現住所, 保護者氏名, 出身幼稚園保育園) なので，* は児童氏名，生年月日，性別，児童現住所，保護者氏名，出身幼稚園保育園を羅列したリストを表します．これがこの場合の < 選択リスト > です．

この問合せはユーザがデータベースに対して，児童テーブルのすべてを見せてくださいと要求しているので，Q_1 の導出表は図 6.3(b)

に示した児童テーブルそのものです.

> **例題 2**
>
> 全教職員の氏名と給与を知りたい.
> 　　Q_2：SELECT　教職員氏名, 給与
> 　　　　　FROM　教職員

教職員テーブルから，教職員氏名と給与の 2 列だけが射影された（＝ 縦に抜き出された）テーブルが作られ，導出表としてユーザに表示されます．このユーザは教職員の給与にしか興味がなく，このような問合せを発行したのでしょう．Q_2 の導出表は次の通りです．

教職員氏名	給与
佐藤美咲	30
鈴木翔太	28
...	...

> **例題 3**
>
> 1 年 1 組の児童を知りたい.
> 　　Q_3：SELECT　*
> 　　　　　FROM　クラス分け
> 　　　　　WHERE　学級名 ＝ N'1 年 1 組'

クラス分けテーブルから学級名が 1 年 1 組の行だけがすべて選択されて（＝ 横に抜き出されて）導出表となりユーザに返されます．学級名 ＝ N'1 年 1 組'と指定されていますが，N'1 年 1 組'という書き方は，1 年 1 組という文字列がローマ字や数字ではなく日本語なので，**国語文字列**（national character string）であることをデー

タベースシステムに伝えるための表記法です[♠2]．また，= は等号を表す比較演算子です．SQL では = の他に，<>（不等），<（小なり），>（大なり），<=（以下），>=（以上）が使えます．Q_3 の導出表は次の通りです．

児童氏名	学級名
青木ユイ	1年1組
阿部ゆうと	1年1組
...	...
渡辺けんた	1年1組

例題 4

国語の評価で◎をとったことのある児童の氏名を知りたい．

Q_4：SELECT DISTINCT 児童氏名
　　　FROM 成績
　　　WHERE 教科 = N'国語' AND 評価 = N'◎'

まず，WHERE 句で指定された探索条件に合う行が**成績**テーブルから選択されて中間的な導出表となり，それから児童氏名の列が射影されて導出表となり，ユーザに返されます．DISTINCT を指定することで，導出表に重複した行が出現しないようになります．実際，図 6.3(b) の**成績**テーブルでは，青木ユイは1年1学期，1年2学期，1年3学期で国語の評価は◎ですが，DISTINCT 指定をすると，導出表には青木ユイという名前は一度だけ出現します．逆に，DISTINCT 指定をしないと，国語の評価が◎であった回数だけ青木ユイの名前が導出表に現れます．Q_4 の導出表は次の通りです．

[♠2] N を指定することを必要としないデータベースシステムもあります．

児童氏名
青木ユイ
…

> **例題 5**
>
> 教職員の給与を 10％アップした教職員テーブルを求めたい．
>
> Q_5：SELECT 教職員氏名, 生年月日, 職名,
>
> 給与×1.1 AS 給与, 教職員現住所
>
> FROM 教職員

教職員全員の給与が 1.1 倍になったテーブルが，導出表として返されます．給与×1.1 AS 給与と指定することで，1.1 倍になった給与を示す列の名前が（改めて）給与となります．もし "AS 給与" を指定しないと，導出表の給与列に "給与" という列名はつかず，空白となります．Q_5 の導出表は次の通りです．

教職員氏名	生年月日	職名	給与	教職員現住所
佐藤美咲	1993-05-28	教諭	33	本町
鈴木翔太	1995-07-15	教諭	30.8	栄町
…	…	…	…	…

> **例題 6**
>
> 教職員の平均給与を求めたい．
>
> Q_6：SELECT AVG(給与) AS 平均給与
>
> FROM 教職員

平均給与を値とする 1 行 1 列のテーブルが作られ，それが導出表としてユーザに返されます．AVG は平均を求めるための**集約関数**

(aggregate function) ですが，他に総和を返す SUM，最大値を返す MAX，最小値を返す MIN，WHERE 句で指定された探索条件に合う行の数を返す COUNT があります．Q_6 の導出表は，たとえば，次のようでしょう．

平均給与
45

例題 7

算数の成績について，学年ごと，学期ごと，および評価（◎か○か△）ごとに，そのような成績をとった児童の数を知りたい．

Q_7 : SELECT 学年, 学期, 評価, COUNT(児童氏名)
　　　　　　AS 児童数
　　　　FROM 成績
　　　　WHERE 教科名 = N'算数'
　　　　GROUP BY 学年, 学期, 評価

GROUP BY 句単独でも使えますが，（この例題のように）集約関数，この例では COUNT，と組み合わせると，より強力な問合せが可能となります．Q_7 の導出表は，たとえば，次のようでしょう．

学年	学期	評価	児童数
1	1	◎	30
1	1	○	27
1	1	△	12
1	2	◎	25
...	...	...	...

6.3.3 結 合 質 問

リレーショナルデータベースでは，結合質問を理解しておくことはとても大事なことです．なぜならば，リレーショナルデータベースでは，関連する，あるいは関連付けられてよいデータが異なるテーブルに格納されている場合が多いからです．では，結合質問を次の3つの観点から説明しましょう．

- 2枚の異なるテーブルを結合することで書き表すことのできる問合せ（例題8）
- 同じテーブルを役割を違えて結合することで書き表すことのできる問合せ（例題9）
- 3枚以上のテーブルを結合することで書き表すことのできる問合せ（例題10）

例題8

1年1組の学級担任の教職員氏名と生年月日を知りたい．

Q_8：SELECT 学級担任.教職員氏名, 生年月日
　　　FROM 学級担任, 教職員
　　　WHERE 学級担任.教職員氏名 = 教職員.教職員氏名
　　　AND 学級担任.学級名 = N'1年1組'

ここに，学級担任と教職員氏名の間にドット（．）を挿入した学級担任.教職員氏名という書き方は，**学級担任**テーブルの教職員氏名という列であるという意味で，**ドット記法**（dot notation）といいます．この問合せでは，学級担任.教職員氏名 = 教職員.教職員氏名という表現が大事なところで，これにより**学級担任**テーブルと**教職員**テーブルの教職員氏名という列の値が等しい行同士が結合されて

1本の行となり,したがって,1年1組を担任している教職員の生年月日がその結合された行を見れば分かるというしくみです.この結合質問の導出表は1年1組の教職員氏名と生年月日の対を行とするテーブルになります.Q_8 の導出表は次の通りです.

教職員氏名	生年月日
佐藤美咲	1993-05-28

例題 9

各教職員について,自分よりも高給をとっている教職員を見つけて,自分とそのような教職員氏名の対を出力して欲しい.

Q_9: SELECT X.教職員氏名 AS 低所得者,
　　　　　　Y.教職員氏名 AS 高所得者
　　　FROM 教職員 X, 教職員 Y
　　　WHERE X.給与 < Y.給与

X や Y は**教職員**テーブルの行一本一本を指す**相関名**(correlation name)と呼ばれます.この例では,X は自分を,Y は自分よりも高給をとっている教職員を指すのに使われています.導出表は WHERE 句に示された探索条件を満たしている教職員氏名の対の一覧表になります.Q_9 の導出表は次のようでしょう.

低所得者	高所得者
鈴木翔太	佐藤美咲
...	...

> **例題 10**
>
> 佐藤美咲先生が担任している学級の児童の出身幼稚園保育園を知りたい．
>
> Q_{10}：SELECT　Z.出身幼稚園保育園
> 　　　　FROM　学級担任　X，クラス分け　Y，児童　Z
> 　　　　WHERE　X.教職員氏名　=　N'佐藤美咲'
> 　　　　　AND　X.学級名　=　Y.学級名
> 　　　　　AND　Y.児童氏名　=　Z.児童氏名

ここでは，3つのテーブルが学級名と児童氏名がそれぞれ等しいという**等結合**（equi-join）の条件で結合され，佐藤美咲先生が担任している児童の出身幼稚園保育園の一覧が導出表として出力されます．もし，同じ幼稚園保育園の出身者が複数人いたら，その回数だけ出身幼稚園保育園が表示されます（一般に，導出表は集合ではなくバッグということです）．もし，そのような重複をさせたくなければ，

　　　　　　SELECT　Z.出身幼稚園保育園

の代わりに，

　　　　　SELECT　DISTINCT　Z.出身幼稚園保育園

と DISTINCT 指定をすることでそれが可能なことは例題 4 で述べた通りです（その結果，導出表は集合となります）．Q_{10} の導出表は次のようでしょう．

出身幼稚園保育園
みどり幼稚園
グリーン保育園
...

6.3.4 入れ子型質問

入れ子型質問は質問者の段階的思考に合った問合せの書き方であると，本節冒頭で書きました．大別すると，2通りの入れ子型質問があります．

- 相関を有しない入れ子型質問（例題 11）
- 相関を有する入れ子型質問（例題 12）

これらを例で示しましょう．

例題 11（相関を有しない入れ子型質問）

副校長よりも高給をとっている教職員を見付けたい．

Q_{11} : SELECT 教職員氏名
　　　FROM 教職員
　　　WHERE 給与 >(SELECT 給与
　　　　　　　　FROM 教職員
　　　　　　　　WHERE 職名 = N'副校長')

入れ子となった SELECT 文がまず副校長の給与を求めます（副校長は1人しかいないとします）．その値より大きい給与の値をとっている教職員氏名をすべて導出表として出力します．典型的な段階的思考ですね．このとき，入れ子となった SELECT 文はそれを入れ子としている外側の SELECT 文とは無関係に処理できるので，

相関を有しない入れ子型質問といいます．

なお，この問合せは次のように，結合質問でも書けます．

> $Q_{11'}$：SELECT X.教職員氏名
>   FROM 教職員 X, Y
>   WHERE X.給与 >Y.給与
>   AND Y.職名 = N'副校長'

次に，相関を有する入れ子型質問の例を示したいと思いますが，先に挙げた花見台小学校データベースを構成するテーブルを使ってそれを説明するよりは，次に示す社員テーブルを使って説明した方が説明し易いので，そのようにします．

社員 (社員番号, 社員氏名, 給与, 上司)

ここに，上司という属性は社員番号を値としてとるとします．そうすると，相関を有する入れ子型質問の典型例を示すことができます．

例題 12（相関を有する入れ子型質問）

直属の上司よりも高給をとっている社員の社員番号とその上司の社員番号の対を出力して欲しい．

Q_{12}：SELECT X.社員番号, Y.社員番号
  FROM 社員 X
  WHERE X.給与 >(SELECT Y.給与
          FROM 社員 Y
          WHERE X.上司 = Y.社員番号)

相関名 X と Y は共に社員を指すのですが，入れ子となった SELECT 文の探索条件で X.上司 = Y.社員番号 と指定されているので，その処理は X.上司の値を供給してくれる外側の SELECT 文に依存することとなり，相関を有する入れ子型質問といいます．

なお，この質問も次に示すように結合質問でも書き表すことができます．どちらで問合せを書くかは，貴方次第です．

> $Q_{12'}$：SELECT X.社員番号, Y.社員番号
>   　　FROM 社員 X, 社員 Y
>   　　WHERE X.上司 = Y.社員番号
>   　　　AND X.給与 > Y.給与

Q_{11} も Q_{12} も入れ子型質問でしたが，それらはいずれも結合質問で書けたとなると，入れ子型質問は段階的思考を表現するに忠実な書き方にしかすぎず，本当はなくてもよいのかな？と思いたくなりませんか？ 実は，入れ子型質問でしか書けない問合せもあるのです．その一例が次の通りです．

例題 13

平均給与よりも高給をとっている教職員の氏名と給与を知りたい．

> Q_{13}：SELECT 教職員氏名, 給与
>   　　FROM 教職員
>   　　WHERE 給与 > (SELECT AVG(給与)
>   　　　　　　　　FROM 教職員)

ここまで，さまざまな問合せを単純質問，結合質問，入れ子型質問という3つのカテゴリに分けて書いてきましたが，これらに共通したSQLの大きな特徴があります．それを次に述べますが，そのおかげでユーザは容易にデータベースを使えるわけです．

SELECT 文は宣言的である

SQL が定めた問合せのための SELECT 文は**宣言的**（declarative）であるという特徴を持っています．宣言的とは，手続き的でない（non-procedural）という意味で，問合せをするにあたって，「何が欲しいか」だけを書き下せばよく，それをどのようにして（データベースから）見付け出してくるか，という手続きを書く必要はない，ということです．SELECT-FROM-WHERE の3つ組で問合せが書けるというのは，この性質によります．明らかに，この性質はユーザが問合せを書き下すことの負担を大きく軽減させます．しかし，その一方で，SELECT 文を処理するリレーショナルデータベースシステムの負担は間違いなく増加します．このことについては 8.2 節で再度話をしましょう．なお，次節で紹介するデータベース更新のための UPDATE 文も宣言的です．

6.4 データベースの更新とテーブルの生成・削除

6.4.1 データベースの更新

データベースを**更新**（update）するとは次の3つの場合のいずれかをいいます．

- 削除:テーブルから不要となった行を削除する(例題 14)
- 書換:テーブルの行のある列の値(= 旧値)を新値に書き換える(例題 15)
- 挿入:テーブルに新たな行を挿入する(例題 16)

それぞれの SQL の構文を例示して説明とします.まず,削除は次の通りです.

例題 14(削除例)

```
DELETE
FROM 教職員
WHERE 教職員氏名 = N'鈴木翔太'
```

鈴木翔太先生が転勤でこの小学校を去ることになったので,削除します.

賢明な読者の中には気が付いた人がいるかもしれませんが,DELETE を SELEST に変えれば,これは単純質問となります.つまり,SELECT 文の処理と DELETE 文の処理はデータベースシステムにとって根っこ部分は同じとなります.

例題 15(書換例)

ある教員,たとえば,佐藤美咲先生の働きがとても素晴らしかったので,給与を倍にすることにしました.

```
UPDATE 教職員
SET 給与 = 給与 × 2
WHERE 教職員氏名 = N'佐藤美咲'
```

例題 16（挿入例）

佐藤由香先生が教諭として本校に赴任することになったので，**教職員**テーブルに登録するのですが，現時点では生年月日，給与，教職員現住所の値は未知（unknown）です．したがって，とりあえず，次の INSERT 文を発行します．

　　INSERT
　　INTO　教職員 (教職員氏名, 職名)
　　VALUES (佐藤由香, 教諭)

この INSERT 文が実行されると，値が未知の列には ―（空）がデータベースシステムにより自動的に挿入されます．つまり，次に示す行が**教職員**テーブルに追加されます．

佐藤由香	―	教諭	―	―

空はいずれ値が判明すれば，その時点で UPDATE 文を発行して埋めていけばよいわけです．なお，**教職員**テーブルの主キーは教職員氏名でしたから，教職員氏名が未知の場合は行を挿入することは（キー制約によりデータベースシステムが拒否して）許されません．

テーブルの生成・削除

データベースに新たにテーブルを生成したり，不要となったテーブルを削除したい場合があります．それらは CREATE TABLE 文や DROP TABLE 文を書くことで行えます．また，ALTER TABLE 文を書くことで，テーブルの名前や列の名前を変更したり，列を削除したり，あるいは新たな列を追加したりすることもできます．

6.5 メタデータのおかげ

　賢明な読者の中には，素朴な疑問を持たれてこの章を読み進められてきた方もいらっしゃるのではないか，と推察します．つまり，初めて接するデータベースにどんなテーブルが格納されているのか，どうしてそれが分かるのですか？という疑問です．たとえば，6.3 節冒頭で，**花見台小学校データベースは教職員，児童，学級，学級担任，クラス分け，成績**というテーブルからなる，とアプリオリに与えて話を進めましたが，初めて花見台小学校データベースに接したときに，それがどうして分かるのですか？という素朴な疑問です．これは，すごく当然の，でもなかなか口に出しづらい疑問ですが，とてもよい疑問で，次のように説明されます．ここでは，できるだけ具体的なイメージをつかんでいただくために，オープンソースのリレーショナルデータベースシステム PostgreSQL を想定して説明してみましょう．

　そこで，ユーザの A さんが**クラス分け**テーブルを作成するところから始めます．そのために，A さんはリレーショナルデータベース言語 SQL が定める CREATE TABLE 文を使ってそれを宣言します．次のとおりです（VARCHAR(10) は長さが最大 10 文字の可変長文字列型を表します）．

　　CREATE TABLE クラス分け (児童氏名 VARCHAR(10),
　　　　　　　　　　　　　　クラス名 VARCHAR(10))

そうすると，これを受けて PostgreSQL は，データベースの管理・運用のために独自に用意しているシステムカタログと称するテーブ

ル群に,「Aさんが**クラス分け**と名付けられたテーブルを生成した,そのテーブルは児童氏名とクラス名という属性を持っている,そしてそれらのデータ型は VARCHAR(10) である」というデータを書き込みます.これらのデータは**クラス分け**テーブルに格納されたデータを読み解くために必要不可欠なデータですから,「データのデータ」,すなわち**メタデータ**(meta data)といいます.メタデータ管理はデータベースシステムの3大機能の一つで,それについては 8.2 節でさらに言及しますが,PostgreSQL ではユーザの利便性を高めるために,システムカタログに格納されているデータを使って,幾つかのビュー(view)[♠3]からなるカタログビューをサポートしていて,その中に,pg_tables ビューがあります.

このとき,PostgreSQL を使おうとしたユーザは誰でも,次に示す問合せを発行することにより,PostgreSQL が管理しているすべてのテーブルを一覧することができます.

SELECT *
FROM pg_tables

見て分かるように,この問合せは SQL による単純質問ですから難しくありません.この問合せの結果,PostgreSQL を使おうとしたユーザ B さんは A さんが生成した**クラス分け**テーブルがあることを知るわけです.そうすると,B さんは次の問合せを発行して**クラス分け**テーブルの中身を見ることができます(もちろん,B さ

[♠3]データベースに実際には格納されていませんが,問合せの結果得られる導出表をあたかも格納されているテーブルのようにイメージした仮想的なテーブルをビューといいます.

んに**クラス分けテーブルを読む権限**が与えられていなければなりませんが，権限付与は次節で述べます)．

SELECT *

FROM クラス分け

このように，PostgreSQLの利用者はpg_tablesの存在だけを頭の片隅に入れておけば，それに対して上記の問合せを発行することをきっかけにして，データベースを利活用することができるようになるのです．

6.6 データベースセキュリティ

ところで，データベースにさまざまな質問を投げかけて，それらの答えがどんどん返されてくる．素晴らしいことですが，心配になったことはありませんか？ 自分の給与を誰もが見られるとしたら嫌ですよね．データベースの読み書きに対して一体誰にどのような権限が与えられているのでしょうか？ 成績のデータを誰かがこっそり改ざんしたりすることはないのでしょうね，とデータベースのセキュリティが問われるわけです．今どきのデータベースはインターネットを介して外部にさらされていると考えるのが当たり前ですから，さまざまなセキュリティ上の弱点を突かれてデータベースが不正にアクセスされるというようなことも考えられます．加えて，たとえば，自宅や出先から（フリー）WiFiを使って勤務先のデータベースサーバにアクセスして仕事するというスタイルも当たり前になっていますね．このようなとき，誰かがネットワーク上を流れているデータを傍受して解読しようとしているかもしれませ

ん．どうしたらよいのでしょうか？　不安ですね．

　データベースのセキュリティをどう高めるについては，さまざまな側面がありますが，ここでは次の二つの観点からその問題点を見ていきましょう．

- 権限付与・監査・暗号化
- SQL インジェクション

6.6.1　権限付与・監査・暗号化

　一般にデータベースを不正なアクセスから守るために，権限付与や監査，あるいはデータの暗号化などの手段がとられます．それらを概観しておきましょう．

権　限　付　与

　自分の給与のデータを他人が好き勝手に読み書きできるようなデータベースでは困りますね．この問題はデータベースでは**権限付与**のメカニズムで解決します．権限付与はアクセス制御ともいいますが，これは SQL で定められている国際標準です．

　まず，テーブルを作成すると，その作成者には大別すると次の 2 種類の権限が付与されます．

- そのテーブルをデータベースから削除（drop）する権限
- そのテーブルに読み書きする権限

これらは当然のように思えます．だって，自分が作ったテーブルですから ...

　そこで，問題はこれらの権限を自分以外の誰に認めるか，です．そのために，GRANT 文を使います．反対に，いったんは認めたも

のの，その権限をその後はく奪したい場合があります．そのためには，REVOKE 文を使います．たとえば，今，自分が**教職員**テーブルを作成したとします．このとき，校長と副校長にはこのテーブルを読み書きするすべての権限を与えるとしましょう．それは次のように書けます．ここに，U1 と U2 はそれぞれ校長と副校長のユーザ ID とします．

GRANT ALL PRIVILEGES ON 教職員 TO U1, U2

監　　査

データベースを一体誰がいつどのようなアクセスしたのかの記録，つまり**監査ログ**（log）をとって分析をする手法です．何かあったときの事後対応だけでなく，いかに予兆をつかめるかがポイントになるでしょう．

暗　号　化

データベースの暗号化は次の二つの観点から議論できます．

- データベースを暗号化する．
- 通信路を行き交うデータを暗号化する．

まず，前者から話をしましょう．権限付与（＝アクセス制御）や監査をしっかりやっていたとしても，何らかの方法でデータベースに格納しているデータが盗難に遭うことがあるかもしれませんし，あるいは，データをコピーし持ち出していた USB メモリを紛失して，本来機密にしておくべきデータが外部に漏れてしまうことも考えられます．この場合，もしデータベースに格納しているデータを暗号化していれば，たとえデータが流出しても，直ちに深刻な情報

漏洩の憂き目に会わなくて済むかもしれません．ただ，データベースを暗号化すると一口でいっても，暗号化すればそれを解読してやろうという者が必ず出てきて、暗号が破られればさらに難解な暗号が考え出されるというのが，暗号の歴史ですから，データベースの暗号化といっても万全なものはありえないわけです．今でも学会で研究発表がなされるような問題です．

続いて，後者の話をしましょう．これだけブロードバンド化が進み，IoT が現実のものとなっている世の中ですから，公衆通信回線上には実にさまざまなデータが行き交っていることでしょう．コンピューティングの世界もクライアント／サーバ型に移行して久しいわけですから，クライアントとデータベースサーバが公衆通信回線を介してつながっていることも当たり前の時代になっているわけです．いい方を変えれば，通信を傍受できれば通信回線上を行き交っているデータを取得することができます．もし，それが**悪意の第三者**♣4 によってなされたとなると，これは大問題ですね．たとえば，児童の成績のデータをネットワークを介して学校のデータベースサーバにアクセスしていたら，それが悪意の第三者の手に渡ってしまいます．このような被害に遭わないためには，前述のようにデータベース自体を暗号化してしまうのもありえるかもしれませんが，学校内や社内で暗号化されたデータベースを使うには，いちいちデータを復号化（暗号を解くこと）しなければなりませんから，データベースシステムも大変でレスポンスも遅くなるだろうな，ということが懸念されます．したがって，このような事態を避けるた

♣4 ここでとり上げた例では，通信回線上を成績データが流れていることを知っている当事者以外の者をいいます．

めには，データを送信するときに暗号化し，受信したら復号化するというような手法が現実的となるのではないでしょうか．万が一，盗み見られても復号化が事実上困難であれば安心できます．

6.6.2 SQL インジェクション

SQL インジェクション（SQL injection）は権限付与・監査・暗号化といったセキュリティ対策では防げない Web 時代のデータベースだからこそ直面した新たな脅威です．インジェクションとは注入の意味ですが，SQL インジェクションにより，セキュリティに十分に留意しないで開発されてしまった Web アプリケーション（= Web アプリ）は，その脆弱性を突かれて，悪意の第三者により Web アプリケーションが本来意図していなかった SQL 文を実行させられることとなり，機密にしておきたかったデータを盗み見られたり，データベースを書き換えられたり，あるいは破壊されてしまうという脅威です．

SQL インジェクションのしくみ[4]を理解するにはプログラミングやデータベースで文字列をどう扱うかに関する若干の知識を必要とします．たとえば，データベースシステムはデータベースを管理・運用するために，結構多くの文字列を使用しています．これらは予約語といわれますが，TABLE, COLUMN, SELECT, FROM, WHERE, UPDATE, … など枚挙に暇はありません．このため，もしユーザが予約語を自分が定義するテーブルや列名に使うのであれば，それは「'」と「'」（apostrophe，アポストロフィ）で囲まれなければなりません[♠5]．SQL インジェクションはこの約束事を

[♠5] ' ではなく，"（quotation mark，引用符）を使うシステムもあります．

逆手にとってきますので,頭に入れておいてください.

さて,現代はWebの世の中ですから,多様なアプリケーションがWeb上で開発・提供されています.図6.4にデータベースを利活用してクライアントのさまざまな要求に応えようとする極めて一般的なWebアプリケーションの概念を示します.Webアプリケーションサーバはクライアントがアクセスしてくると,クライアントのWebブラウザの画面にさまざまな表示をして,必要なデータを入力させます.

そこで,話を少し具体化して,あるショッピングサイトがWeb上で店を開いており,そこで買い物をするには,まず会員登録をしないといけないとします.よくあることですが,その際,WebアプリケーションはWebブラウザの画面を介して,ユーザに会員ID,会員氏名,パスワード,生年月日,クレジットカード番号を入力させるでしょう.このデータはショッピングサイトのデータベースサーバにある**会員** (会員ID, 会員氏名, パスワード, 生年月日, クレジットカード番号) テーブルに登録されます(会員IDが**会員**テーブルの主キーです).

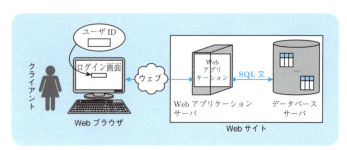

図 6.4 Webアプリケーションの概念

さて，クライアントが後日，たとえば，自分の登録情報の確認のためにこのサイトにログインしようとしたとします．このとき，Webアプリケーションはクライアントにユーザ ID を入力することを要求してくるでしょう♠6．そして，クライアントはそれに応えて，クライアントの Web ブラウザの画面に表示されている入力ウィンドウに会員 ID を入力するでしょう．会員 ID を anpanman としましょう．すると，クライアントの入力は Web アプリケーションにインターネットを介して送られ，Web アプリケーションは送られてきた会員 ID を使って，Web アプリケーションサーバの背後に控えるデータベースサーバに次のような SQL 文を送信して，結果を待ちます．

> SELECT *
> FROM 会員
> WHERE 会員ID = 'anpanman'

このようなやり取りにより，無事に結果をクライアントに返して，クライアントの要求にちゃんと答えることができました．上に示した SELECT 文では，Web ブラウザの会員 ID 入力ウィンドウから入力された anpanman が文字列であることを示すために，' と ' で囲まれていることに注意してください．

さて，ここで，悪意の第三者が，このショッピングサイトの会員情報を丸ごと盗み出そうと考えたとします．そんなことをスマート

♠6通常は，ユーザ ID に加えてパスワードも要求してくるかもしれませんが，ここではユーザ ID だけの入力を求めてくることとします．このように簡略化しても，話の本質には影響ありません．

にやってしまうような手口はあるのでしょうか？　それがSQLインジェクションなのです．ここでは，SELECT文のWHERE句が真（TRUEということ）だと，すべてのデータを見られるという性質に着目して，図6.4に示したWebブラウザの会員ID入力ウィンドウに，探索条件がTRUEになってしまう文字列を入力しようというわけです．ちなみに，探索条件がTRUEである下記の質問は**会員**テーブルをそっくりそのまま導出表としてユーザに返します．

> SELECT *
> FROM 会員
> WHERE TRUE

さて，このショッピングサイトの会員データをそっくり入手しようとする悪意の第三者ですが，この者は会員IDを持ってはいませんし，また誰かの会員IDを知っていて成りすましもできない状況と考えてください．このとき，この悪意の第三者はどのような会員IDをウィンドウに入力するでしょうか？

悩まなくてよいのです．たとえば，下に示すような文字列を会員IDウィンドウに打ち込みます．

> spiderman' OR '1' = '1

これは，文字列ですからこの入力は問題なく受付けられ，Webアプリケーションは背後に控えるデータベースサーバに次のSQL文を送ることになります（入力した文字列の前後が'と'で囲まれていることに改めて注意して下さい）．

```
SELECT *
FROM 会員
WHERE 会員ID = 'spiderman' OR '1' = '1'
```

このとき，会員ID = 'spiderman'がTRUE（真）であるのかFALSE（偽）であるのか，つまり，spidermanを会員IDとする会員がいるのかいないのかは問題となりません．注目するべきは，'1' = '1'の真偽ですが，1という文字列は1という文字列ですから，'1' = '1'はTRUEとなります．さらに，ORは論理演算子で，X OR Yは2つの命題XとYの論理和を表し，XあるいはYの少なくとも1つが真ならば真となります．したがって，上記の探索条件 会員ID = 'spiderman' OR '1' = '1'は会員ID = 'spiderman'の真偽に関わらず，'1' = '1'が真ですから，TRUEとなります♠[7]．つまり，悪意の第三者は，SELECT文の探索条件に入るべき会員IDの値として，spiderman' OR '1' = '1を注入したことで，データベースのセキュリティを打ち破ることに成功したわけです．

SQLインジェクションを防ぐためのさまざまな手立てが報告されています．Webの世の中ですから，Webアプリケーション開発者はこのようなことの起こらないように，セキュリティにはくれぐれも万全の対策を施すことが求められるわけです．

♠[7]真になるのは，何も'1' = '1'だけではありません．たとえば，'108' = '108'でも構いませんし，'dbsj001' = 'dbsj001'でも構いません．

7 小学校のデータベース構築

7.1 実世界のデータモデリング

これまで何度も繰り返し述べてきましたが,データベースは何らかの目的のために構築されるので,そのデータベース化の対象となった実世界が存在しているはずです.たとえば,自分が勤務している小学校の校務や教務の効率化のためにデータベースを構築したいなと考えたら,その小学校が実世界でした.したがって,データベースを構築するためには,まずデータベース化の対象となった実世界の姿かたちをしっかりと認識し,それを誰もが分かる形で記述する必要があります.その記述に基づいてデータベースは忠実に作られるのです.つまり,データベースとは実世界の写し絵なのです.

さて,実世界を観測・観察してその姿かたちを認識し,それに基づきデータベースを作り上げるという一連のプロセスを実世界の**データモデリング**(data modelling)といいます.それを少し詳しく説明してみましょう.まず,これまでアクセプタという言葉を何度か使いましたが,実際に組織体のデータベースを作ろうとした場合,それを設計しようとする個人やグループがアクセプタにあたります.では,どのような手段で認識した実世界を記述するのでしょうか? いうまでもありませんが,それを記述するには何らか

の「言語」が必要です．日本語は我々がコミュニケーションをとる場合の言語です．では，データベース設計者はどのような言語を使うのでしょうか？ 答えは，**実体–関連モデル**（Entity-Relationship model，**ER モデル**）です．これはその目的のために考案され，広く世界で受け入れられてきた言語です．

ER モデルを用いてデータベース化の対象となった実世界を記述すると**実体–関連図**（Entity-Relationship diagram，**ER 図**）が得られます．ER モデルを日本語にたとえれば，ER 図は実世界を記述した日本語の文章というわけです．ER モデルと ER 図のより詳しい説明は次節で行いますが，データベースの設計陣はまず実世界を睨んで，この世界はこのような姿かたちをしていると ER 図でそれを表現します．データベースはそれを機械的に変換することで得られます．この 2 段階の過程を実世界のデータモデリングといいます．その様子を図 7.1 に示しましょう．図 7.1 の前段で得られた ER 図を**概念モデル**（conceptual model），後段で得られたデータベースを**論理モデル**（logical model）と呼びます．ER 図はあくまで実世界の概念的把握を表したものであり，データベースを論理モデルと称するのは，実際にデータベースが HDD や SSD に格納されたときの**物理モデル**（physical model）と峻別したいい方です♠1．

なお，概念モデルを構築するために，世の中にはさまざまな設計支援ツールが流布しています．たとえば，UML（Universal Modeling Language）と名付けられた言語を使う人々も大勢います．しかし，それらも元をたどっていくと ER モデルに行き着くので，本書では ER モデルをデータベース設計の中核と捉えています．

♠1 HDD や SSD は 8.3 節で説明します．

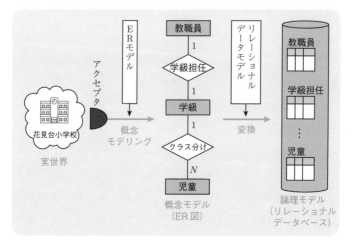

図 7.1 ER モデルによる実世界のデータモデリング

7.2 ER モデルとは

実体–関連モデル（**ER モデル**）は 1976 年に米国のマサチューセッツ工科大学のチェン博士（Dr. Peter Chen）が考案しました．ER モデルは，データベース化の対象となった実世界の姿かたちを実体型と関連型で記述し，その結果を ER 図として表現します．この ER 図は実世界のデータモデリングで示した概念モデルの具体例となっているわけです．したがって，前記のごとく，リレーショナルデータベースを作る（= 設計する，構築する）には，まず ER モデルで実世界を記述して ER 図を作ることから始めます．それができ上がると，その図をリレーショナルデータモデルに合うよう機械的に変換することによってリレーショナルデータベースが得られます．その基盤を与える実体型，関連型，そして ER 図をさらに詳し

く見てみましょう．

7.2.1 実体型とは

　たとえば，これまで取り上げてきた花見台小学校データベースを作ってみることを考えましょう．その小学校が実世界というわけです．そうすると，そこには教職員がいる，児童がいる，保護者がいる，学級がある，教科がある，備品がある，教職員が学級を担任している，児童は学級にクラス分けされている，児童がテストを受けたなど，さまざまな事象を認識することができます．

　このとき，ER モデルでは，教職員，児童，保護者，備品，学級，教科などを**実体型**（entity type）として認識します．実体「型」（type）といっているところがミソで，この小学校には佐藤美咲先生がいます，横山はるき君がいますという具合に，個々の実体を捉えるのではなく，この小学校には教職員がいます，児童がいます，という具合に総体として教職員や児童を捉えるということです．その認識が実体型なわけです．いい換えると，実体型は個々の実体を格納するための器であるということで，それを設計することが，データベースの設計にあたるからです．

　実体型はそれを特徴づける**属性**（attribute）を有します．たとえば，児童という実体型には一般に下に示すような属性が付随するでしょう．ここに，学籍番号は児童に入学時に付与されて 6 年間通してその児童を同定するためにずーっと使われるでしょう（卒業後も同じ学籍番号が新入生に付与されることはないでしょう）．児童氏名，児童ふりがな，... などが実体型 児童 の属性として定義できることはほとんど自明でしょう．加えて，実体を一意識別できる属性

（の組）を1つ「キー」として認識し，それを下線を引いて明示します．リレーションの主キーにあたると考えると分かり易いと思います．この例では，学籍番号がキーでしょう．

実体型：児童
実体型 児童 に付属する属性（群）：

<u>学籍番号</u>
児童氏名
児童ふりがな
生年月日
性別
児童現住所
保護者氏名
保護者ふりがな
保護者現住所
出身幼稚園保育園

ER図を描くときには決まりがあります．四角形で実体型を表し，楕円形で属性を表します．キーとした属性（の組）にアンダーライ

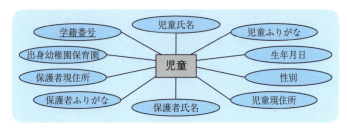

図 7.2 実体型 児童 を表す ER 図

ンを引きます．実体型 児童 を表す ER 図を図 7.2 に示します．

では，教職員はどうでしょうか？　もう，あまり説明は要しないと思いますが，たとえば，次の通りでしょう（紙面節約のため，属性をコンマで続けて示します）．

実体型：**教職員**
実体型 **教職員** の属性：
<u>教職員番号</u>, 教職員氏名, 教職員ふりがな, 生年月日,
性別, 職名, 給与, 内線番号, メールアドレス,
教職員現住所, マイナンバー

保護者も実体型として記述できますが，実体は人だけではありません．もし，パソコン，タブレット端末，プリンタなどの備品もデータベースで管理したいのであれば，それらも実体として記述できます．たとえば，次の通りです．

実体型：**備品**
実体型 **備品** の属性：
<u>備品番号</u>, 備品名, 規格, 設置場所, 管理組織, 財源

さらに，モノではなく抽象的な存在である学級編制も実体として捉えることができ，実体型 **学級** を定義することができるでしょう．

実体型：**学級**
実体型 **学級** の属性：
<u>学級名</u>, 学年, 組, 学級定数, 教室

たとえば，実体型 **学級** の実体の 1 つである 1 年 1 組は，学級名が 1

年1組,学年が1年生,組が1組,学級定数が35,教室は101教室であり,1年1組と名前が付く学級はこれ1つしかないということです.

教科はどうでしょうか? 次のように定義できるのではないでしょうか. キーを{教科名, 学年, 学期}としたのは,どの教科のことをいっているのか? と問われたときには,単に「算数」では漠然としており,たとえば,4学年2学期の算数,ということにより,ようやくどの教科のことをいっているのかが明確になると考えられるからです. より厳密に教科を記述しようとするならば,単元なども教科の属性とすることを考えないといけないでしょうが,ここでは省略しました.

実体型:**教科**
実体型 **教科** の属性:
　　教科名, 学年, 学期, 授業時数

7.2.2 関連型とは

さて,実体型と実体型の間に**関連型**(relationship type)を定義することができます♠2. たとえば,前項で示した教職員が学級を担任している,児童は学級にクラス分けされている,児童が教科のテストを受けた,などは関連型として記述できる事象です.「教職員が学級を担任している」を例にとれば,実体型 **教職員** と実体型 **学級** との間に**学級担任**という関連型を定義することができるというわけです. 同様に,実体型 **児童** と実体型 **学級** との間には**クラス分け**とい

♠2 一般に関連型は多数の実体型の間で定義できますが,複雑さを避け,本書では2つの実体型の間の関連に限って議論しています.

う関連型を定義できるでしょうし，児童と教科の間には成績，教職員と備品との間には支給という関連型を定義できるでしょう．

さらに，関連型は1対1の関連型，1対多の関連型，多対1の関連型，そして多対多の関連型に分類することができます．たとえば，実体型児童と実体型学級との間に定義された関連型クラス分けは多対1の関連型です．なぜならば，1人の児童は1つの学級にしか割り当てられませんが，1つの学級は，たとえば，30人とか，多数（= 複数）の児童を擁することができるからです．

関連型も実体型と同様に属性を持つことができます．たとえば，上に挙げた関連型クラス分けですが，何年度のクラスなのでしょうか？ たとえば，2020年度のクラス分けかもしれません．それを一般的に表すには，年度という属性を関連型クラス分けに付随させます．関連型学級担任についても同様です．

さて，関連型は菱形で表します．関連型は左右の実体型を関連付けるわけですが，この関連が1対1，1対多，多対1，そして多対多なのかを認識して，それを辺に付随させます（多を一般的にNやMで表します）．たとえば，上で示したクラス分けの例では，児童は1つの学級にしか属しませんから「1」，一方学級は一般に多数の児童を擁しますから「N」という多重度を有することになります．多重度を明記することで，次節で述べるER図からリレーショナル

図 7.3 属性年度を有する関連型クラス分け

データベースをきちんと作ることができます．その様子を図 7.3 に示します．

7.2.3 ER 図

先に力説しましたが，データベースを設計する作業は，ER モデルを使って実世界を記述して，実世界の概念モデルを作り上げることが重要なファーストステップです．

上記の花見台小学校の例ではどうでしょうか？ あくまで小さなミニチュアモデルですが，そこでは次のような実体型や関連型が認識されています．

　　認識された実体型：**教職員，児童，備品，学級，教科**
　　認識された関連型：**学級担任，クラス分け，成績，支給**

ここに，**支給**とは教職員にパソコンなどの備品を支給していることを意味しています．また，通常，我が国の小学校は学級担任制ですが，もし教科担任制を導入しているのであれば，**教科担任**という関連型を実体型 **教職員** と実体型 **教科** の間に定義するとよいでしょう．

認識された実体型と関連型を使って，この小学校の営みを表すER 図を作成することができます．その主要部分を図 7.4 に示します（図が複雑になるので，実体型や関連型が有している属性のすべては描かれていません）．

つまり，これが（校務や教務支援のための）データベース作成という観点から見たときの花見台小学校の姿かたちなのです．そして，この ER 図を基に実際にリレーショナルデータベースが得られるのです．それを次節で見ていきましょう．

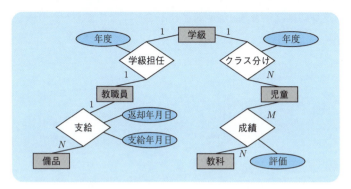

図 7.4 花見台小学校の ER 図（概略）

7.3 ER図をリレーショナルデータベースに変換

前節でデータベース化の対象となった実世界の ER 図を作成しました．これが実世界のデータモデリングという観点からすると，図 7.1 の前段にあたる概念モデルの作成のフェーズにあたります．後段の部分は，この ER 図を変換してリレーション群を得ることです．この変換のプロセスは以下に示すように，機械的に行うことができます．

7.3.1 実体型の変換

一般に，**実体型**を $E(\underline{K}, A_1, \ldots, A_p)$ とします．K はキーである属性（の組）を表し，$A_1, \ldots, A_p$ はその他の属性です．たとえば，図 7.2 に示された実体型 児童 では，$p=9$ で，$E=$児童，$K=$学籍番号，$A_1=$児童氏名，$\ldots$，$A_9=$出身幼稚園保育園，という具合です．

このとき，実体型 $E(\underline{K}, A_1, \ldots, A_p)$ はリレーション $E(\underline{K}, A_1, \ldots, A_p)$ に変換されます．K が E の主キーとなります．上に示した例では，リレーション 児童 (学籍番号, 児童氏名,

..., 出身幼稚園保育園) が定義されることになります．この様子を図 7.5(a) に示します．

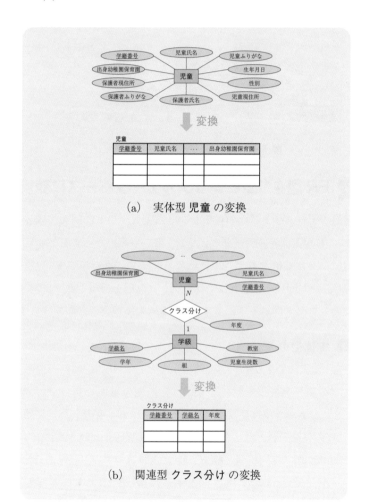

図 7.5 実体型，関連型をテーブルに変換する例

7.3.2 関連型の変換

実体型を関連付けている関連型が1対1, 1対多（あるいは多対1），そして多対多の場合に対応して次のように行います．少し，小難しい話に感じるかもしれませんが，ここで述べている手法で自分なりにデータベースを設計してみようかな，と考えた読者もいるのではないかと思い，きちんと記します．

まず，**関連型**を一般的に次のように表すことにします．

$$\boldsymbol{E_L}(\underline{K}, A_1, \ldots, A_p)\text{—}x\text{—}\boldsymbol{R}(C_1, \ldots, C_r)\text{—}y\text{—}\boldsymbol{E_R}(\underline{H}, B_1, \ldots, B_q)$$

ここに，$\boldsymbol{R}(C_1, \ldots, C_r)$ が関連型で，$C_1, \ldots, C_r$ が $\boldsymbol{R}$ の属性です．$\boldsymbol{E_L}$ と $\boldsymbol{E_R}$ は実体型で，$x = y = 1$ のとき1対1を，$x = 1$ で $y = N$，あるいは $x = N$ で $y = 1$ のとき1対多（あるいは多対1）を，$x = M$ で $y = N$ が多対多の関連を表します．

[1] 1対1関連型の場

$\boldsymbol{E_L}(\underline{K}, A_1, \ldots, A_p)\text{—}1\text{—}\boldsymbol{R}(C_1, \ldots, C_r)\text{—}1\text{—}\boldsymbol{E_R}(\underline{H}, B_1, \ldots, B_q)$ の場合，$\boldsymbol{R}(C_1, \ldots, C_r)$ は次に示すリレーションスキーマのどちらに変換して構いません．

(1) リレーションスキーマ $\boldsymbol{R}(\underline{K}, H, C_1, \ldots, C_r)$
(2) リレーションスキーマ $\boldsymbol{R}(K, \underline{H}, C_1, \ldots, C_r)$

どちらに変換するかは，データベースデザイナに任せられます．$\boldsymbol{E_L}$ と $\boldsymbol{E_R}$ 間の関連が1対1なので，その間の関連を一意に識別するには K と H のどちらを指定してもよいからです．たとえば，1つの学級は1人の先生により担任され，また逆に1人の先生は1つの学級しか担任しないとすれば，**学級担任**という関連型は実

体型**教職員**と実体型**学級**の間の1対1関連になります．このときは，教職員を指定しても，あるいは学級を指定しても，どの学級担任のことをいっているかという一意識別性が保証されますね．より具体的に，**教職員** (教職員番号, ...)—1—**学級担任** (年度)—1—**学級** (学級名, ...) のとき，1対1関連型**学級担任** (年度) は次のどちらのリレーションスキーマに変換しても構いません．

学級担任 (教職員番号, 学級名, 年度)

学級担任 (教職員番号, 学級名, 年度)

[2] 1対多（あるいは多対1）の場合

$E_L(\underline{K}, A_1, \ldots, A_p)$—1—$R(C_1, \ldots, C_r)$—N—$E_R(\underline{H}, B_1, \ldots, B_q)$ の場合，$R(C_1, \ldots, C_r)$ は次に示すリレーションスキーマに変換されます．

$$R(K, \underline{H}, C_1, \ldots, C_r)$$

たとえば，**学級** (学級名, ...)—1—**クラス分け** (年度)—N—**児童** (学籍番号, ...) のとき，1対N関連型**クラス分け** (年度) は次に示すリレーションスキーマに変換されます．その様子を図7.5(b)に示します．

クラス分け (学級名, 学籍番号, 年度)

どのクラス分けのことをいっているのかは，学籍番号を指定して初めて一意に識別できます．

一方，多対1の場合は，KがRの主キーになります．

なお，E_L—1—R—N—E_R という関連性は E_R—N—R—1—E_L と書けるので，上記の**クラス分け** (学級名, 学籍番号, 年度) は**クラス分け** (学籍番号, 学級名, 年度) と同じリレーションスキーマ

を表していると見なせます(属性の並びが違う).1対1,多対多の場合も同様です.

[3] 多対多の場合

$E_L(\underline{K}, A_1, ..., A_p)$—M—$R(C_1, ..., C_r)$—N—$E_R(\underline{H}, B_1, ..., B_q)$ の場合,$R(C_1, ..., C_r)$ は次に示すリレーションスキーマに変換されます.

$$R(\underline{K}, \underline{H}, C_1, ..., C_r)$$

関連が多対多なので,E_L,E_R 両方の主キーを指定しないと,どの関連をいっているのか一意には識別できないので,このように変換されます.

以上の結果,図 7.6 に示すように,花見台小学校のデータベースを構成するテーブル群を得ることができました.

教職員 (<u>教職員番号</u>, 教職員氏名, 教職員ふりがな,
　　生年月日, 性別, 職名, 給与, 内線番号,
　　メールアドレス, 教職員現住所)
児童 (<u>学籍番号</u>, 児童氏名, 児童ふりがな, 生年月日, 性別,
　　児童現住所, 保護者氏名, 保護者ふりがな,
　　保護者現住所, 出身幼稚園保育園)
学級 (<u>学級名</u>, 学年, 組, 児童生徒数, 教室)
教科 (<u>教科名</u>, <u>学年</u>, <u>学期</u>, 授業時数)
備品 (<u>備品番号</u>, 備品名, 規格, 設置場所, 管理組織, 財源)
学級担任 (教職員番号, <u>学級名</u>, 年度)
クラス分け (<u>学籍番号</u>, 学級名, 年度)
成績 (<u>学籍番号</u>, <u>教科名</u>, <u>学年</u>, <u>学期</u>, 評価)
支給 (<u>備品番号</u>, 教職員番号, 支給年月日, 返却年月日)

図 7.6 花見台小学校データベース

7.4 データベースを利活用する

データベースを構築したら，皆さんは何をしたいですか？ いうまでもありません，それを利活用したいですよね．そうでないと，データを死蔵しているにしかすぎず，データベースを作った意味がありませんから．

さて，データベースの利活用ですが，大きく分けると 2 つの使い方があります．次の通りです．

- データベースへの問合せの発行
- アプリケーションプログラムの開発

前者については，前章で相当に詳しく述べた通り，SQL を使って，データベースに対してさまざまな問合せを発行することができました．本節では，後者について述べましょう．データベースの利活用は問合せだけではないということです．たとえば，**社員** (社員番号，社員氏名，生年月日，所属部門名，職名，給与) テーブルがあったとき，「誰が最も高給取りですか？」，「社員の平均給与は幾らですか？」といった質問は，前章で示した通り，SQL そのものを使っていとも簡単に書けました．しかし，勤務状況や勤務評定，家族の扶養状況，その他さまざまなファクタを考慮してボーナスを計算しようとしたような場合，そのような処理を SQL 単体では書ききれません．ここで単体という意味は，SQL の機能だけという意味です．つまり，ボーナス計算に必要なデータはデータベースのどこかのテーブルに格納されてはいるのですが，SELECT-FROM-WHERE の 3 つ組みだけではボーナス計算というような複雑な処理を書き表すことは無理ということです．

では，どうすればよいのでしょうか？ 対応策はただ1つです．「プログラミング言語の力」を借りるのです．SQLと違って，CやC++，Java，COBOL，FORTRANあるはPL/1といったプログラミング言語は，世の中で計算できるとされていることはすべてプログラムとして書き下すことができます．この性質を「プログラミング言語は**計算完備**（computationally complete）である」といいます．しかし，CやJavaにSQLで書けたデータベースに対する問合せを書いてください，とお願いしてもそれは無理な相談ということになります．

一方，SQLはデータベースに関する問合せに関しては，リレーショナルデータモデルが定める問合せはどのようなものであれ書き下せます．この意味で，「SQLはリレーショナル完備（relational complete）である」といわれています．しかし，プログラミング言語と違って計算完備ではありません．

では，どうしましょうか？ 自然な考えとして，SQLとプログラミング言語を合体させれば，計算完備でかつリレーショナル完備な言語ができ上がり，それでもって世の中のさまざまなデータ処理要求に対応できるようになると考えられます．実際，その通りで，現在2つのアプローチでそれが実現されています．

- SQLをプログラミング言語に埋め込む．
- SQLにプログラミング機能を追加する．

前者は，初めてのSQL標準であるSQL-87ですでに規格化されている機能で，たとえば，プログラミング言語CにSQLを埋め込めば，**埋込みSQL親プログラミング言語C**となり，SQLとCが融合した形で，リレーショナル完備でかつ計算完備なアプリ

ケーション記述用の言語となるわけです．一方，後者は，1996 年に SQL に追加された機能で，**SQL/PSM** と呼ばれています．この SQL/PSM は通常のプログラミング言語が有する（条件分岐のための）IF 文とか，（繰り返し処理のための）WHILE 文とか，計算完備に必要な機能を有しているので，SQL に SQL/PSM を追加すると，さまざまなデータベースのアプリケーションプログラムを書くことができます．

これら 2 つのアプローチのより詳しい記述は，拙著[2]に譲ることとしてここら辺で切り上げますが，構築したデータベースをとことん利活用したいとなると，単に SQL で問合せを発行しているだけの使い方では物足りなくなり，アプリケーションプログラムを作成して，高度なデータベース応用をこなしたいと思うようになるのは極めて自然でしょう．プログラミングの能力に長けた教職員がいればそれに越したことはありませんが，もしそうでないなら外注することになります．ただ，この場合，業者に丸投げするのではなく，常に「なぜデータベースを構築したのか」という原点に立ち戻って，何をどう開発してもらいたいのか，説明し理解してもらえるように，日頃より研鑽を積んでおくことが肝要となるでしょう．

8 データベース管理システム

8.1 データベースは多義語

データベース，データベース，...とお経のように唱えてきましたが，一概にデータベースといっても，実は3つの意味が込められていることに気付いていましたか？ データベースという用語は多義語なのです．それらは次の通りです．

- **DB**：コンテンツとしてのデータベース
- **DBMS**：DB を管理・運用するための（ソフトウェアである）データベース管理システム
- **DBS**：データベースシステム，すなわち，DBS = DB + DBMS

ここに，DB, DBMS, DBS はそれぞれ database, database management system, database system を表します．

これまで熱く語ってきたデータベースは DB の色合いが濃かったと思います．たとえば，前章で花見台小学校のデータベースを作ろうということでうんちくを傾けましたが，それはコンテンツとしての DB 作りを指していたわけです．

DBMS ですが，これは構築した DB を管理・運用するためのソフトウェアです．DB を構築しても，それを放置しておいたのでは全く無意味ですね．DB は組織体の唯一無二の共有資源ですか

ら，皆で共有しなければなりません．それを可能としてくれるのが，DBMSなのです．DBMSは巨大なソフトウェアです．とても大きなプログラムです．Oracle Database, DB2, SQL Server, HiRDB, PostgreSQL, あるいはMySQLというような名前を耳にしたことはありませんか？ それらはリレーショナルDBMSの名前です．これらのDBMSについては，後程もう少し詳しく述べてみたいと思いますが，世間では，DBMSのことも単にデータベースといっている状況をよく目にします．たとえば，「うちのデータベースはOracleだ」というような具合です．正式には「うちのデータベース管理システムはOracleだ」といわねばならないのですが，これは会話や文章の文脈から分かるでしょうから，あまり目くじらを立ててもしょうがないかもしれません．なお，リレーショナルDBMS（RDBMS）といったいい方をするときがありますが，これはDBMSがリレーショナルDBを管理・運用するためのものであることを特に強調したいい方です．

一方，DBSとは，管理する側のDBMSと管理されるDBを一緒にした概念を指し示すための用語ではないかと思うのですが，DBMSとほぼ同義で使っているような状況にも遭遇しますし，これも単にデータベースといっている状況もよく目にします．

いずれにしろ，このように，データベースはDB，DBMS，DBSの3つの概念の指示語なんだな，という気持ちを持って対応することが肝要です．

図8.1にDBSの構成を示します．コンピュータのことにはあまり詳しくないよという方にも配慮しつつ，続けてDBSのしくみを説明しておきましょう．

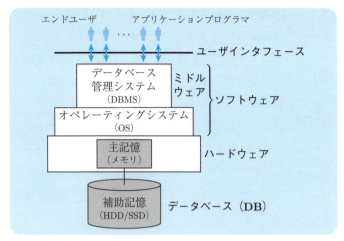

図 8.1 データベースシステム（DBS）の構成

DBSのしくみ

今，1台のノートパソコンが自分の前にあるとしてください．そのパソコンにはキーボードがあり，液晶のディスプレイがあり，筐体がありますね．パソコンを分解した人はあまりいないかもしれませんが，中にはさまざまな基板やディスク装置などが詰め込まれています．これらをハードウェア（hardware，金物）といいます．コンピュータは「ハードウェアだけではただの箱」といわれるように，それだけでは動きません．それを動かすためにはオペレーティングシステム（Operating System，OS）といわれるソフトウェアが必要です．パソコンだと，Windows とか macOS とか UNIX とか名付けられているソフトウェアです．スマートフォンやタブレットでは Android や iOS などです．パソコンに OS をインストールすると，パソコンは動くようになりますが，それだけではデータ

ベースを管理・運用してはくれません．そのためには，DBMS をインストールする必要があります．DBMS もソフトウェアの一種ですが，ユーザと OS との仲を取り持ってくれるので**ミドルウェア**（middle ware）といわれます．ミドルウェアのもう 1 つの典型はコンパイラで，これはユーザが書いたプログラムをコンピュータが分かるように翻訳してくれるソフトウェアです．ユーザには 2 つのタイプ，つまり SQL を使って随時問合せを発行してくる**エンドユーザ**と埋込み SQL 親プログラミング言語や SQL/PSM を使ってアプリケーションプログラムを書き下す**アプリケーションプログラマ**がいます．

あともう 1 つ注意をしておくと，コンピュータは基本的にメモリ（= 主記憶）にプログラムやデータを格納して与えられた仕事（job）をこなしますが，メモリは通常，記憶容量が小さいので大きな記憶容量の HDD や SSD の助けを借ります．これについては，8.3 節で詳述しましょう．いずれにしろ，図 8.1 に示したような構成でコンピュータは DB を管理して DBS として稼働することになります．DBMS はその中核ということになります．

8.2 DBMS の 3 大機能

さて，DBMS とは DB を管理・運用してくれるソフトウェアだと紹介しました．一体何をどうしてくれているのでしょうか？ ズバリ，説明しましょう．DBMS により，大きく分けて次に示す 3 つの機能が実現されます．これらの機能により，データベースは組織体の唯一無二の共有資源として，ユーザに供されるのです．

8.2 DBMS の 3 大機能

- メタデータ管理
- 質問処理
- トランザクション管理

細かい説明を始めるときりがありませんから，要点だけを述べます．まず，**メタデータ**（metadata）とは「データのデータ」という意味です．つまり，このデータベースにはどんなデータが格納されているか，それらのデータをどのようにアクセス（＝読み書き）できるか，そのようなデータを誰がアクセスできるのか等々，データベースの管理・運用に必要なデータのことをいいます．通常，システムカタログなどと命名されているメタデータ管理のためのテーブル群を用意して，それらを格納します．メタデータがあるおかげで，DBMS は仕事がすることができます．一方，データベースユーザはメタデータにアクセスすることによって，コンピュータの中に格納されてしまって外からは皆目見えないデータベースにどのようなテーブルが格納されているのかを知ることができます．このことは PostgreSQL の pg_tables ビューを例に出して 6.5 節で具体的に述べました．

2 番目の**質問処理**ですが，ユーザが発行してくるさまざまな問合せをできるだけ高速に処理して，ユーザに答えを返せるように最大限努力するということです．リレーショナル DBMS がこのための機能を有しないといけない理由は，DBMS がユーザのためにサポートしている国際標準リレーショナルデータベース言語 SQL が 6.3 節で述べたように**宣言的**（declarative）であることによります．つまり，SQL で書く問合せは What を書けばよいだけで，それを DBMS がどのように処理するべきかという How を書く必要はあり

ません.したがって,DBMS はユーザが発した SQL 文をコスト最小,つまり最短時間で処理できるであろう処理の実行プランを策定する必要があり,これを**質問処理の最適化**といいます.質問処理とはこのことを指しています.

3 番目の**トランザクション**管理ですが,データベースは組織体の唯一無二の共有資源なので,複数のユーザが同時にデータベースにさまざまな仕事を頼んできます.また,稼働中に電源断などのトラブルに遭遇することもあるでしょう.このような状況下でも DBMS は誤りなく仕事を実行してあげることが必要で,それを可能とするのがトランザクションの**同時実行制御機能**と**障害時回復機能**です.トランザクション (transaction) とはそれら 2 つの機能を実現するための理論的よりどころを与える「仕事の単位」(a unit of work) をいいます.さらに,トランザクションという概念を堅持することによって,DBMS は通常のデータ処理に必須の**ACID特性**(アシッド)を実現することができます.ここに,ACID とは次の 4 つの概念の頭文字です.

- **原子性**(Atomicity):トランザクションは実行の単位
- **一貫性**(Consistency):トランザクションは DB の一貫性を維持する単位
- **隔離性**(Isolation):トランザクションは同時実行の単位
- **耐久性**(Durability):トランザクションは障害時回復の単位

なお,DBMS には商用,すなわちプロプライエタリなのものや,オープンソースソフトウェア (OSS) として無償で入手できるものがあります.商用のリレーショナル DBMS としては,DB2(IBM 社),Oracle Database(Oracle 社),SQL Server(Microsoft 社),

国産では HiRDB（日立製作所）などが広く使われています．一方，OSS のリレーショナル DBMS として世の中で広く使われているシステムに，PostgreSQL や MySQL を挙げることができます．一般に商用の DBMS の導入にはそれなりの出費が嵩みますが，OSS の DBMS はその導入に費用は掛かりません．OSS の DBMS を導入して，メインテナンスやパフォーマンスのチューニング，あるいは込み入ったアプリケーション開発を自前でこなす限りそのための費用も掛かりませんが，もし手におえない場合，そのような仕事を生業としている会社に業務委託することも可能です．

8.3 テーブルの格納

DBMS とはデータベースを管理・運用してくれるミドルウェアだと述べ，その 3 大機能を概観してきました．本節では，視点を変えて，データベースが実際にどのようにコンピュータに格納されているか見てみましょう．

そのためにはコンピュータは 2 階層の記憶階層を持っていることを認識しておく必要があります．図 8.1 に示しましたが，主記憶と補助記憶です．卑近な例では，皆さんの手もとにあるパソコンに，「メモリ 4GB／HDD512GB」とか「メモリ 8GB／SSD256GB」とかいった表示がありませんか？ メモリが主記憶を表し，HDD や SSD が補助記憶を表します．ちなみに，**HDD** はハードディスクドライブ（Hard Disk Drive），**SSD** は半導体ドライブ（Solid State Drive）の略です．主記憶は一般に容量が小さいので，プログラムやデータをすべて格納することができません．これを解消するために，まず

補助記憶にすべてを格納し，OS の力で主記憶を核とした広大な仮想メモリ空間を張って，そこに補助記憶からプログラムやテーブル（の一部）を吸い上げて，それらがあたかもその仮想メモリ空間に格納されているかの如くに見立てて，さまざまな処理をするわけです．

DBMS はこのような OS の仮想化技術をバックに，データベースの管理・運用を行うのですが，OS は（DBMS が取り扱う）テーブルという構造物（construct）を扱うことはできず，ファイルという構造物しか扱えません．そのファイルですが，OS が HDD や SSD に物理的に格納されたデータ群を仮想的にテーブルのように扱うことができます．そこで，（DB の）テーブルを（OS の）ファイルと対応づけて，それを実現するわけです．図 8.2 にテーブルとファイルの対応関係を示しましょう．このとき，次のような対応関係があります．

- テーブル ↔ ファイル
- 行 ↔ レコード
- 列 ↔ フィールド

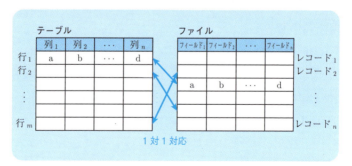

図 8.2 テーブルとファイルの対応関係

テーブルとファイルはこのように極めて似た構造物なのですが，根本的に異なるところもあります．それは，テーブルでは行の並び順に意味がないのに，ファイルではレコードの並び順に意味を持たせる，つまり次のレコードとか，前のレコードとかいうような順番を付けることが可能となります．それは，OSが（仮想化技術で）ファイルを実現するにあたり，HDDのディスクのどの位置にレコードを格納するかを物理的に制御できるからです．

続けて，HDDの説明を行いますが，それに先立って度量衡の話を少しだけしておきます．

大きさとデータの単位に関する度量衡

- 大きさの単位：K（キロ，10^3），M（メガ，10^6），G（ギガ，10^9），T（テラ，10^{12}），P（ペタ，10^{15}），E（エクサ，10^{18}），Z（ゼッタ，10^{21}），Y（ヨッタ，10^{24}），H（ハーポ，10^{27}），G（グルーチョ，10^{30}）
- コンピュータが認識できるデータの単位：

  ビット（bit，0か1の値をとる），

  バイト（byte，8ビットの並び．したがって，0〜255（=2^8-1）の値をとれる）

HDD

HDDが代名詞となっている補助記憶の構造を図8.3に示します．HDDでは，磁気記録媒体を塗布された円盤（disk，ディスク）1枚が（ディスクパックでは複数枚）1本の軸（spindle）の周りを等速度で回転しています（回転速度は1秒間に数千回転）．アクチュ

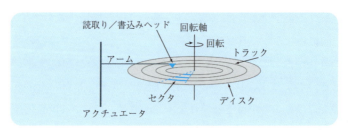

図 8.3 HDD の構造

エータとアームに支えられた読取り／書込みヘッド（head）がデータを読み取り，書き込みます．データの読取りと書込みが行われるディスク表面の円周をトラック（track）といいます．一般に1枚のディスク上のトラックの数は数百から数千に及び，1本のトラックの容量は通常数十Kバイトから百数十Kバイト程度です．1トラックは容量的に大きいので，それを1回の読取り／書込みの単位としてしまうとエラーが発生した場合の性能低下が危惧されるので，トラックを等間隔にセクタ（sector）と呼ばれる単位に分割して，セクタを単位としてヘッドは物理的な読取り／書込みを行います．多くの場合，1セクタの大きさは512バイトに設定しているので，仮に，1トラックの容量が100Kバイトとすれば，それは約200個のセクタに等分割されていることになります．HDDとの入出力の単位はブロック（block）です．また，多くの場合，1ブロックの大きさは512バイトから4Kバイト程度に設定されます．したがって，1ブロックの大きさが1セクタの大きさ以下であればそれを1セクタに書き込むし，1ブロックの大きさが1セクタの大きさを超えれば，2個以上の連続したセクタに書き込むことになります．ブロックのアドレスはディスク面の認識番号（surface number），（そ

のディスク面での）トラック番号，（そのトラックでの）ブロック番号の3組で与えられます．したがって，ファイルをHDDに格納するということは，ファイルのレコードのサイズはブロックサイズより通常は小さいので，ひとつのブロックに複数のレコードが詰め込まれることになります．一方，1レコードが画像データのように大きい場合は1レコードを複数のブロックにわたって格納することになります．データはブロック単位でHDDに書き込まれるので，ブロックを**物理的レコード**（physical record），これに対して，ファイルのレコードを**論理的レコード**（logical record）といいます．

　これで，データベースを構成しているテーブルがコンピュータのどこに，どのようにして格納されているかが，はっきり分かってもらえたのではないかと思います．テーブルは，DBMSの力，OSの力，そしてHDDやSSDという物理的データ格納装置によって実現されているわけです．HDDがデータの記録媒体に**磁性体**を使っていたのに対して，SSDは**半導体**を使っているので，データの読み書きが大変高速になります．しかしながら，コストは高くなります．

文字コード

　上記を補う意味で，ここで，文字や数値，あるいは画像や音データなどのマルチメディアデータがどのようにしてコンピュータで扱われているのか，見ていきましょう．それらは，いずれもが文字列，あるいはビット列に変換されて，記憶装置に格納されたり，あるいは処理されたりするのですが，そのための国際規格があります．国際といっているのは，もし各国がばらばらにそのような規格

を定めたならば，国をまたがってデータを交換したとたんに，文字化けしたりして，まともなコミュニケーションがとれなくなるからです．そのようなことをなくすために規格化がなされていて，たとえば，ISO-2022-JP（通称 JIS コード）では，平仮名の「あ」は「0010010000100010」という 16 ビット（= 2 バイト）のビット列で表すことが決められています．デジカメで撮影すると，一般には写真は JPEG ファイルになりますが，それらはデジカメ特有のフォーマットでビット列として記録媒体に記録されます．

8.4 クライアント／サーバ型データベースシステム

世界で最初のコンピュータは 1946 年に開発された ENIAC といわれています．演算を実行するために真空管を使ったコンピュータで第 1 世代のコンピュータといわれています．その後，演算装置にトランジスタを使ったコンピュータが現れて（1958 年），それらを第 2 世代のコンピュータと呼んでいます．引き続き，演算回路に集積回路（Integrated Circuit, IC）を使ったコンピュータが出現して（1964 年），第 3 世代のコンピュータと呼んでいます．その後，演算装置に大規模集積回路（Very Large Scale Integrated Circuit, VLSI）を使ったコンピュータとなり（1979 年），今日に至るまで第 4 世代のコンピュータと呼ばれています．

コンピュータはこのような変遷をたどってきたわけですが，1990 年代に入るとコンピュータシステムの構成に変革が走ります．それまではコンピュータは「大きいことはよいことだ」という主義主張のもとに，大型化路線を突っ走っていました．「コンピュータの

性能は価格の2乗に比例する」とは，当時を物語る有名なグロッシュの法則です．しかしながら，1990年代に入るとコンピュータの中核であるCPU（Central Processing Unit，中央処理装置）の低価格化と高性能化，そしてコンピュータとコンピュータをつなぐネットワーク技術の急速な進歩によって，多数のコンピュータをネットワークで結合して，それ全体として情報処理をこなしていくという新しい形態のコンピュータシステムが多くの企業で採用されていくこととなりました．これが**クライアント／サーバシステム**（client/server system，C/Sシステム）です．いい換えると，大枚をはたいて1台の大型コンピュータを導入するよりも，1台1台は安価な小型コンピュータを多数ネットワークでつないでその性能を実現した方が，トータルとして安価に仕上がるというわけです．典型的なC/Sシステムの構成を図8.4に示します．

当然のこととして，データベースシステムもC/Sシステムに適合した形で稼働するように構成されます．図8.5にそのようなシステム構成を示します．そこでは，一般に3階層のシステム構成となり，多数のクライアントはアプリケーションサーバとやり取りをし，アプリケーションサーバはデータベースに仕事を頼む必要があ

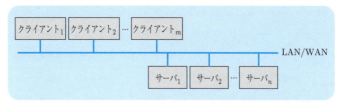

図 8.4 クライアント／サーバシステム（C/Sシステム）

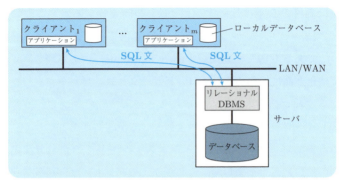

図 8.5 クライアント／サーバ型データベースシステム

れば，その後方に控えるデータベースサーバとやり取りをして，システム全体が稼働します．現在，情報システムの多くがこのようなクライアント／サーバ型のデータベース処理を行っています．

8.5 クラウドデータベースサービス

データベースを構築してそれを自前で管理・運用しようとすると，コンピュータを購入し，DBMS を導入し，セットアップや必要なメインテナンスも自前でやらなければなりません．OSS を導入したとしても，それなりの費用も掛かりますし，ソフトウェアのバージョンアップなど手間がかかります．もちろんそれらの作業をDBMS ベンダや情報システムの構築やソフトウェア開発などを生業とする企業に外注することもできますが，結構費用が嵩むことが懸念されます．

このような悩みを解消するべく出現したのが，クラウドデータベースサービスです．クラウドとは cloud（雲）の意味で，インター

ネット上の Web がなす空間を雲になぞらえての命名です．Web では Amazon，楽天，Facebook，Twitter，Google などさまざまな Web アプリケーションが開発されて我々にサービスされていますが，クラウドデータベースサービスもこの一環で，Web にアクセスすることにより，DBMS をレンタルできるサービスです．たとえば，Amazon は Amazon Aurora というクラウドデータベースサービスを提供していて，それは高性能の商用データベースシステムと同等のパフォーマンスを備え，料金はその何分の一かで済むなどと宣伝しています．これはほんの一例ですが，これからデータベースシステムを導入して組織体のデータベース化を促進しようと考えている人々にとっては，選択肢の 1 つとなるかも知れません．

　ただ，いうまでもないことですが，クラウドサービスを利用する場合，すべてを Web 上，すなわち雲のかなたに預けるわけですから，その安全性・信頼性に留意することが必要です．総務省はそのようなサービス業者に対してその情報開示の指針を示していますが[5]，クラウドサービスで個人情報や医療情報などに係るデータを取り扱う場合には，特に注意が必要となります．

8.6 データベースとファイルの違い

　読者の中にはコンピュータに強くて，自分でプログラムを作成し，さまざまなデータ処理を行っている人がきっといるに違いありません．そのような人は，ファイルを作成してデータを書き込み，必要に応じてファイルからデータを読み出してプログラムでデータ処理をしています．そうすると，どうしてデータベースを構築しないと

いけないのですか？ファイルでは駄目なのですか？と本気で聞いてくるのではないかと思います．実は大違いなのです．

　データベースとファイルの違いについて，これはデータベースの意義に関することなので，ここでしっかりと述べておきたいと思います．歴史的にはデータはファイル（file）として組織化されることから始まりました．ファイルはレコード（record）の集まりですが，それはプログラム中で宣言され，開かれ，読み書きされ，そして閉じられる．すなわちファイルはプログラムに「隷属したデータ群」なのです．一方，データベースはデータをプログラム群から独立させて，統合して DBMS により一括して管理・運用しようとするもので，「多数のユーザから同時にアクセス可能な組織体の唯一無二の共有資源」です．そこでは同一のデータが重複して格納されているといった状況をできるだけ排して，データベースの一貫性（consistency，あるいは integrity．たとえば，同じ人の年齢がデータベース中のあるテーブルでは 25 とあり，別のテーブルでは 26 と記されているようなことはないということ），あるいはデータベースのアクセス制御やセキュリティなどを保証できます．加えてデータベース言語がサポートされ，さらに，トランザクションの同時実行制御や障害時回復が行われることが大きな特長となります．つまり，折角のデータをあくまで個人ユースでよいとするならば，ファイルとしてデータを格納すればそれでよいのですが，たとえば，小学校での校務や教務データをその小学校の教職員の共有資源として利活用するのであれば，それはデータベースとして組織化され，一括して管理・運用されないといけないというわけです．このようにデータをファイル群として組織化することと，データベースとして

組織化することには本質的な違いがあって、その違いを図 8.6 に示します．

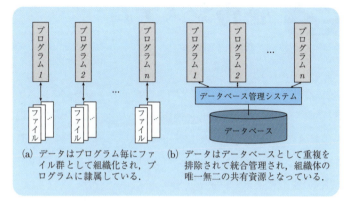

(a) データはプログラム毎にファイル群として組織化され，プログラムに隷属している．

(b) データはデータベースとして重複を排除されて統合管理され，組織体の唯一無二の共有資源となっている．

図 8.6 データベースとファイルの違い

9 データベースが支える情報システム

　本書冒頭でデータベースの力と題して，世の中の多くのシステムが実はデータベースシステムと連携することで初めて所望の機能を果たしえることを紹介しました．本章では，それを少し詳しく見ていきましょう．まずは「みどりの窓口」を支える JR のマルス（MARS）を取り上げてみましょう．

9.1 旅客販売総合システム －マルス（MARS）－

　新幹線は我が国のハイテクの象徴として長らく捉えられてきました．安全でしかも正確な運行は世界に類を見ないといわれています．ではなぜ，そのようなことが可能なのでしょうか？ そこには，自然災害やさまざまな障害発生で時々刻々と変化するダイヤ♠1 に的確に対応した運行システムと列車座席予約システムであるマルス（Multi Access Reservation System, MARS）[6] があるからです．ここではマルスでデータベースがどのように機能しているのか，逆にいえば，データベースシステムがなければマルスは稼働しないという状況を垣間見てみましょう．

　「みどりの窓口」でお馴染みのマルスは JR がまだ日本国有鉄道（国鉄）の 1960 年代に列車座席予約システムとして誕生しました．

♠1 ダイヤグラムの略で，列車運行図表のことです．

9.1 旅客販売総合システム―マルス（MARS）―

マルスは日本のオンラインシステムの代名詞として，2017年の報告では1日約180万枚のJR旅客鉄道会社各社の列車座席の販売を一手に担っており，駅のみどりの窓口や旅行代理店など，全国に設置された端末は約10,000台にもなるそうで，大型メインフレームをホストコンピュータとして，列車の指定席券，乗車券類はもとより，航空券・旅館券等，多様なチケットを扱い，しかも信頼性の高いリアルタイム処理を行っています．1960年のマルス1に始まり，現在，マルス501が稼働しているとのことです．

図9.1にマルスの構成概念図を示します．マルスは大別すると座席在庫管理システム（SRS）と列車データ作成管理システム（ASTD）からなります．ASTDの役目はマルスの中核であるSRSに，何月何日何時にどの列車をどのように走らせるかという「列車データ」を供給することです．そのために，ASTDは，JR旅客鉄道各社がネットワーク（JRネット）経由で送信してくる各社の列車データをデータ作成サーバ経由で受け取り集約して，「手配書データベー

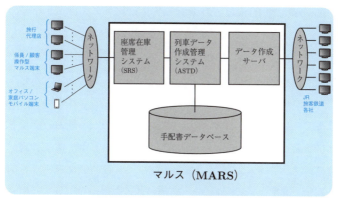

図 9.1 マルスの構成概念図

ス」を構築します．そのマルスの命ともいえるデータベースを管理しているのがリレーショナル DBMS で，それにはマルスの開発に当初から深く関わってきた日立製作所開発の HiRDB が使われています．社会基盤化したようなマルスをがっちり支えているのが，データベースというわけです．

銀行や信用金庫などのオンラインシステム，クレジットカード会社のオンラインシステム，証券会社のオンラインシステム，コンビニ ATM のオンラインシステム等々，マルスと同様にデータベース抜きでは決して機能しません．

9.2 組込み型データベースシステムの活躍

本節では前節とは全く視点を変えて，小さくて軽量なリレーショナル DBMS が開発されていることを紹介しましょう．このようなリレーショナル DBMS は**組込み型データベースシステム**（embedded DBMS）と呼ばれています．組込み型データベースシステムは，Android や iOS などのスマートフォンやタブレットなどの携帯情報端末向けの OS 上で稼働し，メモリ使用量が少なく，SQL をサポートし，テキストデータの高速全文検索機能や地図データのための空間検索機能など多彩な検索機能を実現しています．紛れもなくデータベースシステムですから，突然の電源断などの障害にも対応します．いわば，通常のデータベースシステムの魅力ある超ミニチュア版といった感じです．これがカーナビ，家電，電子辞書・電子書籍，スマートデバイス，業務用端末（大量の顧客データを端末で管理し，高速に検索・更新），医療機器，産業用ロボット，生産工

9.2 組込み型データベースシステムの活躍

場監視のための通信端末（センサデータの一時蓄積）などの現場で大活躍しているのです．現在，多くの組込み型データベースシステムが世に出ているのですが，ここでも国産にこだわり，Entier（エンティア）（日立製作所）を用いた事例を紹介してみましょう[7]．Entier は小さいながらも，リレーショナル DBMS です．

さて，新幹線は我が国の技術レベルの高さを世界に知らしめていますが，我が国を象徴する文化に「カラオケ」があります．Karaoke や karaoke machine は世界の誰もが知る共通語で，英語の辞書にもちゃんと収録されています．読者の皆さんの中にもカラオケを楽しまれている方も多いのではないでしょうか．そのカラオケですが，今や昔，8 トラックカラオケや LD カラオケの時代を経て，今や通信カラオケが全盛ですね．20 数万曲を収める楽曲データベースを蓄積したサーバにカラオケボックスに設置してあるカラオケ端末がブロードバンドの公衆通信回線（たとえば，電話回線による ADSL や光通信）を介してつながっているわけです．8.4 節で紹介したクライアント／サーバ方式の情報処理の形態を思い浮かべればよいと思います．サーバはシステムの中核なので，24 時間 365 日止まることなく稼働しないといけないでしょうから，そこに設置されているデータベースシステムを含めて障害時対策には万全が期されているでしょう．したがって，ここで取り上げたいのは，カラオケ端末です．現在我が国の業務用カラオケ業界は D 社と X 社がしのぎを削っている状況と聞きますが，ここでは X 社のカラオケ端末リモコンに Entier が搭載されているというので，気を惹かれました．

そもそも，カラオケの利用者は「歌いたい曲が簡単かつすぐに見つかる」ことを重視するため，楽曲検索時のレスポンスが最も重要

な課題となります.そこで,Androidで稼働し,少ないメモリで動作し,国際標準リレーショナルデータベース言語 SQL-92 準拠のSQL をサポートする他,データ暗号化,全文検索機能,データ圧縮,データベース差分更新機能などを有する Entier をカラオケ端末リモコンに組み込んだそうです.その結果,検索機能やレスポンスにとても優れたカラオケ端末リモコンを実現できたというわけです.

データベースの力に再度言及

　最後にくどいですが,再び「データベースの力」に言及します.でき上がったシステムは,カーナビであったり,電子辞書であったり,通信カラオケ端末リモコンであったりするので,その用いられ方だけに着目してしまうと特定応用向けのシステムとなっていますが,これらは,組込み型ではあるのですが,汎用性に優れたリレーショナル DBMS を使っているというところがミソなのです.いい換えると,カーナビといったようなシステムを実現するために,一からひたすらプログラムを書いて作り上げるのではなく,組込み型リレーショナル DBMS が提供してくれる多彩なデータベース機能をうまく使用して,極めて効率的にシステムを構築している点です.これによって,アプリケーション開発の作業効率が大いに向上するのです.このことは,組込み型に限らず,汎用のデータベースシステムについてもちろんいえることです.表現を変えると,マルスにしろ,銀行などのオンラインシステム,あるいはカラオケのシステムなど,それぞれシステムの形態は異なりますが,システムの中核にデータベースシステムが鎮座している,つまり自動車でいえばエンジンに相当する働きをしているのがデータベースというわけです.

9.3 OPACはデータベースですか？

　データベースって何ですか？と問いかけてみると，図書館で読みたい本を探すときに使ったOPAC（オンライン蔵書目録システム）はデータベースでしょ？と答える方に出会うことが結構あります．確かに，OPACは膨大な書誌・所在データを格納しているので，コンテンツとしてのDBだろうといわれればそうかもしれませんが，それは本書で論じているデータベースシステムではありません．OPACは情報検索システムの1つです．

　では，情報検索システムとデータベースシステムでは何がどう異なるのでしょうか？　少し考えてみましょう．そのために，まず，OPACを手短に紹介しましょう[8]．図書館において蔵書目録の作成は必須です．それがないと，本を見付けるのに大変苦労するでしょう．今でも小規模な図書室などではそうかもしれませんが，歴史的には，図書目録カードと呼ばれる書誌情報・所在情報を記載した紙のカードを書名順，著者名順，分類順に並べてカードボックスに収めて，それを頼りに本の在りかを知りました．そこで，この目録カードによる書誌情報・所在情報を機械（＝コンピュータ）が読み取れる形（機械可読目録，MARC，MAchine Readable Catalog）に変形してファイルに蓄積し，蓄積されたデータを検索するための検索プログラムやメインコンピュータとの通信ネットワークを備えたオンライン情報検索システムが開発されました．それがOPACです．

　さて，OPACは確かに書誌や所在に関するデータを蓄積しているので，コンテンツとしてのDBの側面は十分有していると思いま

す．しかしながら，システムの目的や構造はデータベースシステムのそれらとは全く異なります．データベースシステムは一元管理されたデータベースを利用した多様なアプリケーション開発を支援する汎用システムですが，OPACは書誌情報・所在情報検索のためだけの単一目的のシステムです．すなわち，両者はシステム設計の理念や構造で根底から異なります．

　関連して，新聞記事データベースはデータベースでしょ？と答える人にも出会いますが，OPACがそうでないのと全く同じ理由で，それはオンライン情報検索システムであってデータベースシステムではありません．両者の違い，お分かりいただけたでしょうか？

　なお，誤解はないと思うのですが，オンライン情報検索システムが役に立たないなどといっているわけでは決してありません．「朝日けんさくくん」や「スクールヨミダス」などの新聞記事データベース，国立国会図書館のオンラインサービスである「情報検索ポータル」，「デジタル資料」，「電子展示室」，「子ども向けサービス（キッズページ，子どもOPAC）」，あるいは「失敗知識データベース」など，さまざまなカテゴリでオンライン情報検索システムが提供され，大いに人々の役に立っています．素晴らしいことです．

9.4 Excel はデータベースですか？

　パソコンを購入した場合，Microsoft社のオフィス向けのソフトウェアをバンドルしたMS Officeを一緒に購入する方々も多いのではないかと思いますが，その中に表計算ソフトのExcelが入っていますね．Excelを用いることで，さまざまなデータ処理が可能とな

9.4　Excel はデータベースですか？

り，Excel に長けた人は，小学校の校務や教務の改善に係るデータを Excel に投入して，結構役立てている事例を耳にします．そうすると，何もデータベースを構築しなくても，Excel でよいのではないか？と思う人もいるのではないか，と考えられるわけです．

そこで，Excel はデータベースなのですか？と問うてみることにします．答えは No なのですが，その理由を見ていきましょう．その結果，Excel を扱うよりは大変かもしれませんが，データベースを構築することの意義が見えてくることと思います．

この議論を始める前に，データベースとは何であったか，今一度思い起こしてください．特徴は次の通りでした．

- データベースは組織体の唯一無二の共有資源である
- データが一元管理され，データベースの一貫性が担保されている
- SQL を使ってさまざまな検索やデータベース更新ができる
- 埋込み SQL 親プログラミング言語や SQL/PSM 機能により高度なデータベースアプリケーションを開発できる
- データベースシステムはトランザクションという概念のもとで仕事を行うので，ACID 特性が満たされ，複数の仕事を同時実行可能で，かつシステム障害などからの障害時回復能力に優れている

Excel ではどうでしょうか？Excel でデータのさまざまな統計処理などが行えて，期末試験の統計処理などに大変役に立つことは筆者も心底認めますし，その恩恵に浴してきました．そして，Excel を使って校務や教務に役立つデータ処理を行ったことを報告する

事例も見ます．しかし，Excel に入力されたデータは組織体の共有資源ではなく，あくまで一個人のデータであって，Excel がデータベースシステムでないことは明らかでしょう．

校務や教務支援のために教職員が末永く共有できるようにデータを組織化したいのであれば，リレーショナル DBMS を導入してデータベースを構築するしか道はありません．

10 ビッグデータとは

10.1 ビッグデータと NoSQL

　ビッグデータという言葉がすっかり市民権を得た昨今ですが，ビッグデータとは文字通り大きな（big）データのことをいいます．いつごろ誰がいい出したかについては諸説ありますが，2001 年に米国の IT 分野の調査会社である Gartner 社のアナリストが，e-コマース（e-commerce，電子商取引）時代に求められるデータ管理について，次に示す 3 つの V を満たすデータがビッグデータであると提唱し，現在もそれが広く受け入れられています．

- Volume
- Velocity
- Variety

　ここに，Volume とはデータ量のことで，扱わないといけないデータ量が膨大であること，Velocity はデータの速度のことで，e-コマースは顧客とのやり取りのスピードが競争優位の決め手となってきているので，したがって，それを支えるために使われたり，あるいはそのやり取りの中で発生し，処理しなければならないデータのペース（pace）は増大していることをいいます．Variety はデータの多様性をいい，取り扱わないといけないデータは多様である，ということです．

つまり，3V の特性をもつビッグデータは，従来広く受け入れられてきた国際標準リレーショナルデータベース言語 SQL をサポートするリレーショナルデータベースシステムでは管理・運用しづらいデータや新しい機能を要求しているわけです．したがって，ビッグデータのことを **NoSQL**，つまり Not Only SQL といったりするわけです．Not Only といっているところがミソで，No SQL とはいっていません．つまり，リレーショナルデータベースの代名詞である SQL だけでは効率的に処理できないデータが今どきの世の中には溢れかえってきたので，何とかしよう，といっているのです．実際，防犯カメラが街中のいたるところに設置されて，24 時間 365 日絶え間なく映像データを監視センターに送り続けていますし，Web に目をやれば，世界中のコンピュータがインターネットでつながって，数えきれないほどの Web ページ，ブログ，ツイート，インスタグラムの映像，YouTube の映像などで溢れかえっています．

　問題の本質は，データが big であるというだけではありません．Google，Amazon，楽天などを思い浮かべると納得がいくと思うのですが，それらの企業の**ビジネスモデル**がすっかりビッグデータに依存している点です．いい換えると，ビッグデータをいかに利活用するかが，彼らのビジネスモデルそのものなのです．たとえば，Google で検索をすると，瞬時にそれらしき Web ページが順位付けられて表示されますね．世界には Web ページが何兆枚もあるかもしれません．どうしてそういうことが瞬時にできるのでしょうか？それは Google 社が Googlebot と称する Web ページ探索ロボットをインターネット上に放ち，世界中の Web ページをことごとく収集してくることに加えて，収集してきた Web ページを格納するた

10.1 ビッグデータと NoSQL

めに独自のストレージシステムを開発してそこに格納し，さらに検索要求に合うかもしれない Web ページをすぐさま検索できるようなインデックス（＝索引）を張り，そして Web ページ間の参照関係を解析して，最も検索要求に合いそうな Web ページ順に順位付けして即座に返すことを可能にしているからなわけです．

Amazon を利用している人も多いと思います．驚くのはある商品を購入しようかな？と思うと，「よく一緒に購入されている商品」とか「この商品を買った人はこんな商品も買っています」などと，とても親切に教えてくれます．どうしてこんなことができるのでしょうか？ これは，膨大な過去の Amazon の顧客の購買データをデータベース化して，データをマイニングしているからなんです（データを金が眠っているかもしれない山にたとえて，金鉱脈を見つけて，金を採掘するイメージ）．このとき使われているデータは SQL をサポートするリレーショナルデータベースに格納されているのではなく，Amazon が独自に開発した巨大な分散型データストアに格納されているというわけです．

難しい話になるので，あまり深入りはしませんが，**分散型データストア**について少しだけ紹介しておくと，次のとおりです．ビッグデータをコンピュータに格納しようとすると，何せデータ量が大きく，そして時間の経過と共に，その量は単調に増加していくでしょうから，1 台のコンピュータの記憶装置には到底おさまりません．そこで，何台ものコンピュータをネットワークを介してつなぎ合わせてビッグデータを格納しようとします．そんなコンピュータの数は何千台，何万台，何十万台になるでしょうから，高価なコン

ピュータは使えません．通常我々が使っているようなコンピュータを使いデータを格納します．そうすると，そんなに信頼性が高くないので，大体どこかのコンピュータが故障します．そのようなリスクを回避するために，データは細かく分割するとともに幾つかコピーを作り，それらを分散して格納します．どれかが死んでも別のところに欲しいデータがあるというわけです．さらに，コンピュータをつないでいるネットワークも絶対に故障しないという保証はありません．いや，ネットワークは故障して分断するものです．

そうすると，ネットワークの分断は避けられないときに，ユーザは所望のデータをとってこられないかもしれないという状況が生じますが，このとき，2つの選択肢が生じることになります．

- データの整合性を重視する．
- データの可用性を重視する．

整合性・可用性とはどういうことでしょうか？まず，**整合性**（consistency）とは分散して格納されている同じデータ間に矛盾がない，つまり，新しいデータと古いデータが混在しているようなことはない，という概念です．したがって，データの整合性を重視するという前者の選択肢は，本当に欲しい最新の値を持ったデータは分断したネットワークの向こう側にあるコンピュータに格納されているかもしれないので，ネットワークの分断が発生した場合，その故障が修復されてすべてのデータが最新のデータになってから，そのデータを使って処理を始めるという考え方です．一方，**可用性**（availability）とは，いつでも使えるという概念ですから，データの可用性を重視するという後者の選択肢は，すぐにデータが欲しい，よしんばそのデータが古くて多少腐臭（？）が

漂っていてもよい，それでもよいからすぐに使いたい．データはいずれ（ネットワークが修復されれば）最新の値に更新されているだろうという考え方です（この考え方を**結果整合性**といいます）．

これらの考え方は，いずれも NoSQL の現場で採用されていて，前者の選択肢をとったのが Google の Bigtable[1]で，後者の選択肢をとったのが Amazon の Dynamo[2]です．8.2 節で述べたように，リレーショナルデータベースシステムは ACID 特性を堅持するように構築されるので，複数のリレーショナルデータベースシステムがネットワークでつながれた分散型リレーショナルデータベースでネットワーク分断が生じた場合，とり得る選択肢は「データの整合性を重視する」しかありえません．ここに SQL をサポートするリレーショナルデータベースシステムと NoSQL の違いが象徴的に現れていると捉えてよいと思います．少し小難しくなりますが，リレーショナルデータベースシステムは **ACID 特性**に忠実で，NoSQL は **BASE 特性**に忠実ということになります．ここに，BASE は Basically Available（基本的に可用），Soft-state（ソフト状態），Eventually consistency（結果整合性）の頭文字をつづった造語です．より詳しく知りたい方は，是非拙著[2)]を参照してください．なお，英語で，acid は酸，base は塩基（＝ アルカリ）を表し，共に最も基本的な物質分類の 1 つを表し，酸と塩基は反応して塩（salt）を作ります．BASE は ACID との対比を鮮明にすることを

---

[1] Google のクローラ Googlebot が収集してきた Web ページを効率よく格納し検索するために開発した列ファミリデータストアです．

[2] Amazon が自社の大規模な e-コマース（電子商取引）事業をできるだけ高い可用性とスケーラビリティのもとで運用可能とするべく開発したキー・バリューデータストアです．

意識して造られたということです．

10.2 ビッグデータと知識発見

　従来の小規模なデータ，これをスモールデータと呼びましょう，を扱っているときには気が付かなかったことなのですが，ビッグデータを扱うと発想の転換につながる興味深い事実に気付かされます．ビッグデータの本質に関わることです．

　このことについて，マイヤー＝ショーンベルガー（Mayer-Schonberger）とクキエ（Cukier）がその著書で次のように論じているのは傾聴に値します[9]．曰く，「より小規模ではなしえないことを大きな規模で実行し，新たな知の抽出や価値の創出によって，市場，組織，さらには市民と政府の関係を変えることなど，それがビッグデータである」と．つまり，Web時代の到来により扱うべきデータの種類や量がとてつもなく増大したからHadoopといったファイルの並列分散処理技術が開発されたり，あるいはデータベース技術に関していえば，従来のリレーショナルデータベースの枠組みでは扱いが容易ではないセンサ，GPS，Webのアクセス，Twitterのツイートなどの多様で膨大なデータを扱うためにNoSQLの技術が開発されたりしているのは紛れもない事実ではあるものの，それらはビッグデータの技術的な側面をいい当てているに過ぎないのであって，ビッグデータの本質は，人々の意識に（次に示す）3つの大きな変化をもたらすものであるとし，その3つが相互に結びついて大きな力を発揮することによって，ビジネスや社会に想像を絶するパラダイムシフト，つまり発想の転換を生じせしめると主張して

いるのです．ここで 3 つの変化とは次の通りです．

(a) ビッグデータでは，すべてのデータを扱う．
(b) ビッグデータでは，データは乱雑であってよい．
(c) ビッグデータにより，「因果関係から相関関係」へと価値観が変わる．

まず，(a) について述べると，これまでは，データの管理や分析ツールが貧弱で膨大なデータを正確に処理することが困難であったから，全データから適当数のデータを無作為でサンプリングして得られた無作為標本を基に分析作業を行ってきました．しかし，無作為であることを担保する難しさや分析の拡張性や適応性に欠ける点に問題がありました．一方で，データを丸ごと使うと，埋もれていた物事が浮かび上がってきます．たとえば，クレジットカードの不正利用の検知のしくみは利用者パターンの変則性を見付け出すことですから，標本ではなく全データを処理しないと見えてきません．データ全体を利用することが，ビッグデータの条件となります．その意味で，ビッグデータは絶対数でビッグである必要はなく，標本（sample）ではなく，全データを使うところが要点となります．

次に，(b) について述べましょう．全データを使うと誤ったデータや破損したデータも混入してきます．スモールデータを対象とした従来のデータ処理では，そのようなデータを処理以前にいかに取り除いて質の高いデータを確保するかという前処理にとりわけ力が注がれました．しかし，ビッグデータではその必要性は薄れます．なぜならば，精度ではなく確率を読み取るのがビッグデータであるからです．たとえば，ワイン醸造所（winery）のブドウ園の気温を計測する場合を考えると，温度センサが 1 個しか設置されない場合

にはセンサの精度や動作状況を毎回確認しなければなりませんが，多数のブドウの木一本一本にそれぞれ温度センサが取り付けられている場合は，幾つかのセンサが不具合なデータを上げてきても，多数の計測値を総合すれば，全体としての精度は上がると考えられます．加えて，多数のセンサから無線ネットワークを介してデータが時々刻々と送られてくる場合，時系列的に計測値に反転が起こるかもしれませんが，このような状況までを含めてのことをいっています．このようなケースがすべてというわけではありませんが，データは乱雑（messy）であってよい，量が質を凌駕するのがビッグデータであるというわけです．

(c) でいっていることは，極めて大事です．ビッグデータでは，（少量のデータではなく）データを丸ごと使い，データは正確さではなく粗くてもよいところにその本質があると (a) と (b) で述べました．そのような前提でデータ処理をすると，当然の帰結として事物に対する価値観に根底から変革が生じることになります．つまり，この膨大で乱雑なデータ全体から，どのようにして金鉱脈を発見し金を採掘することができるのか？それが問われることになるわけですが，その切り札が**データマイニング**（data mining）です．データマイニングにはさまざまな手法がありますが，とりわけ「**相関ルールマイニング**」という手法を使った**相関関係**（correlation）の発見は魅力的で強力です．ビッグデータが相手では，仮説を立てて検証し，**因果関係**（causality）を立証しようとするような従来的手法は現実的ではないからです．例として，中古車ディーラが中古車を競り落とすオークションに出品されている中古車のうち，問題がありそうなクルマを予測するアルゴリズムを競うコンテストがあっ

たそうですが，中古車ディーラから提供されたデータを相関分析（correlation analysis）した結果，「オレンジ色に塗装されたクルマは欠陥が大幅に少ない」ことが分かったといいます（欠陥は他のクルマの平均値の半分ほど）．これは中古車の品質についての極めて重大な発見であるのですが，ここで大事なポイントは「なぜ？」とその理由を問うてはいけないということです．塗装がオレンジ色であることと欠陥の少なさに相関関係があるという事実が大変重要なのであって，その裏側にある理由を説明しようとはしない方が賢明であるということです．このような事例は枚挙に暇がなくて，他によく引き合いに出され，半ば都市伝説化した事例として，米国のあるスーパーマーケットチェーンのPOSデータを分析した結果，「紙おむつを買った顧客はビールを買う傾向がある」ことが分かったというのがあります．この分析結果によって，このスーパーマーケットは少なくとも次の2つの戦略を立てることができるでしょう．

- 紙おむつとビール売場を近くして，顧客の利便性を高める．
- 紙おむつとビール売場をなるべく離して，顧客がその間を移動する間に他の商品にも目が留まり，購買してもらえるかもしれない，と考える．

戦略はさておき，紙おむつを買った顧客はビールを買う傾向があるというマイニング結果について，なぜ？と詮索するのは野暮なのであって，これ以上詮索しないことが肝要なのです．因果関係を問うのではなく，相関関係を問うデータマイニングこそがビッグデータなのです．

あとがき

　本書は，我が国の小学校におけるプログラミング教育の全面実施という時代を背景に，小学校の教職員や保護者の皆さんを念頭に，データベースの意義を伝えたいという思いから著しました．

　筆者はこれまで大学や高等専門学校などの高等教育機関の理系向けにデータベースの教科書を何冊か書いてきましたが，本書のような啓蒙書を執筆する経験は初めてでした．どのように筆を進めれば皆さんにデータベースとは何かを伝えることができるのか，試行錯誤の連続でした．本書のでき栄えは読者の皆様の判断に委ねるしかありませんが，「データベースの力」を少しなりとも感じ取っていただくことができたとしたら，大成功です．

　また，本書を書き上げてみて，気付いたことがあります．現在，データベース関連の書籍が書店に多数並んでいますが，そのほとんどが，理系のためのテキストか実務書です．いわゆる文系や文理融合系の学部や学科のためのテキストが見当たらないのです．本書は，丁度そのようなニーズにも合うのかな，と思った次第です．ご検討いただければ幸いです．

　末筆ながら，本ライブラリの「編者まえがき」にも記しましたが，本書出版にあたっては，国立大学法人お茶の水女子大学附属小学校の先生方に大変お世話になりました．中でも，本書の一次原稿に目を通してくださり数々の貴重なご意見やコメントを下さいました，神戸佳子副校長，並びに岩坂尚史教諭に心より御礼を申し述べます．また，本ライブラリ第6巻『Webのしくみ』の著者である矢吹太朗先生からも実に詳細なコメントの数々を頂きました．ここに

記して感謝の意を表します．
　では，著者の信条を記して結びといたします．

地球丸ごとデータベース！

著者しるす

━━━━━━━━━━━━━━━━━━━━━━━

参考文献

　本書を読んでみて，リレーショナルデータベースに興味を抱き，もう少しきちんと勉強してみたいと感じた読者には拙著『データベース入門』(サイエンス社)[1] を薦めます．もし，リレーショナルデータベースを極めてみたいと思われた読者には拙著『リレーショナルデータベース入門 [第3版]』(サイエンス社)[2] を薦めます．前者は大学や高専などのデータベース関連の授業のテキストとして執筆したものですが，後者はリレーショナルデータベース理論を徹底的に教授したいと考える理系の学部・大学院でのテキストとしても耐える高度な内容となっています．したがって，データベースの実務経験を積まれてきた方で，本格的にリレーショナルデータベース理論を習得したいと考えられた方にも最適かと思います．

1) 増永良文．"データベース入門," サイエンス社，216p., 2006年10月．
2) 増永良文．"リレーショナルデータベース入門 [第3版]," サイエンス社，432p., 2017年2月．
3) EPSON. "第4回 富士山を測れ 伊能忠敬 VS シーボルト,"
   https://www5.epsondevice.com/ja/information/technical_info/qmems/story1_4.html（参照 2018-01-29）
4) w3schools.com. "SQL Injection," https://www.w3schools.com/sql/sql_injection.asp （Accessed 2018-01-29）
5) 総務省．"クラウドサービスとは？ 安心してインターネットを使うために 国民のための情報セキュリティサイト,"
   http://www.soumu.go.jp/main_sosiki/joho_tsusin/security/basic/service/13.html （参照 2018-02-10）
6) "ミドルウェア・プラットフォームソフトウェア 事例紹介 鉄道情報システム株式会社," 日経コンピュータ，2003年3月24日号．
   http://www.hitachi.co.jp/Prod/comp/soft1/casestudy/contents/jr/index.html
7) 日立ソリューションズ．"組み込みデータベース Entier,"
   http://www.hitachi-solutions.co.jp/entier/
8) ウィキペディア（Wikipedia）：フリー百科事典．"OPAC," 最終更

新 2018 年 1 月 21 日（日）10:13.
https://ja.wikipedia.org/wiki/OPAC
9) V. Mayer-Schonberger and K. Cukier（著），斎藤栄一郎（訳）. "ビッグデータの正体 情報の産業革命が世界のすべてを変える（Big Data: A Revolution That Will Transform How We Live, Work, and Think），" 講談社，320p., 2013.

　他に，拙著を 3 冊紹介します．10) と 11) はコンピュータサイエンスの教科書ですが，12) は Web サイエンスを集合知（collective intelligence）という観点から論じています．何かの機会にひも解いていただければ幸いです．

10) 増永良文．"コンピュータサイエンス入門，" サイエンス社，256p., 2008 年 1 月．
11) 植田祐子，増永良文．"メディアリテラシ，" サイエンス社，272p., 2013 年 8 月．
12) 増永良文．"ソーシャルコンピューティング入門－新しいコンピューティングパラダイムへの道標－，" サイエンス社，272p., 2013 年 3 月．

索　引

● **あ行** ●

悪意の第三者　82
アクセプタ　8
アプリケーションプログラム
　　108

一元管理　3
意味　12
意味解釈ルール　12
因果関係　138
インスタンス　24

埋込み SQL 親プログラミング言語
　　103

エンドユーザ　108

音データ　11

● **か行** ●

概念モデル　89
画像データ　10
価値観　52
価値付きの情報　52
可用性　134
監査ログ　81
完全関数従属　42
関連型　94, 99

キー　32
キー制約　36, 37
記号　7
記号系　11

行　23

空　36
組込み型データベース　2
組込み型データベースシステム
　　124
クライアント／サーバシステム
　　117

計算完備　103
結果整合性　135
権限付与　80

更新　56, 74
候補キー　35
国語文字列　64

● **さ行** ●

シーザー暗号　15
磁性体　115
実世界　8
実体型　91, 97
実体-関連図　89
実体-関連モデル　89, 90
質問処理　109
質問処理の最適化　110
集合　31
集合論　27
集約関数　66
主キー　35
障害時回復　110
情報　52
情報無損失分解　45

推移的関数従属性 47
スキーマ 23
スモールデータ 136

整合性 134
宣言的 74, 109

相関関係 138
相関名 69
相関ルールマイニング 138
属性 31, 34, 91

● た行 ●

多対多の関連型 95
多対1の関連型 95

知識 52
直積 29

データ 6
データベース 2, 21, 53
データベース言語 55
データベースデザイナ 16
データマイニング 138
データモデリング 88
テーブル 18, 22

問合せ 56
等結合 70
同時実行制御 110
導出表 61
ドット記法 68
ドメイン 28
トランザクション管理 110

● は行 ●

バッグ 31

花見台小学校 14
花見台小学校データベース 21
半導体 115

非キー属性 42
ビジネスモデル 132
ビッグデータ 131
表 18

ファイル 120
物理的レコード 115
物理モデル 89
ブロック 114
分散型データストア 133

閉世界仮説 49

● ま行 ●

マルチメディアデータ 11

メタデータ 78, 109

文字・数値データ 10

● ら行 ●

リレーショナル完備 103
リレーショナルデータベース 22, 26
リレーショナルデータモデル 27
リレーション 28
リレーションスキーマ 31
リレーションの正規化 38

レコード 120
列車座席予約システム 1
列名 23

論理的レコード 115
論理モデル 89

● **欧字／数字** ●

ACID 特性 110, 135

BASE 特性 135

ER 図 89
ER モデル 89, 90

HDD 111

NoSQL 132

SQL インジェクション 83
SQL/PSM 104
SSD 111

1 対多の関連型 95
1 対 1 の関連型 95

著者略歴

増永良文
ますなが よしふみ

1970年 東北大学大学院工学研究科博士課程電気及
通信工学専攻修了，工学博士
情報処理学会データベースシステム研究会
主査，情報処理学会監事，日本データベース学会会長，図書館情報大学教授，お茶の水女子大学教授，青山学院大学教授を歴任
日本データベース学会名誉会長（創設者）
お茶の水女子大学名誉教授

Computer and Web Sciences Library=4
コンピュータに問い合せる
データベースリテラシ入門

2018年12月25日©   初 版 発 行

著 者 　増永良文 　　　　　 発行者 　森平敏孝
　　　　　　　　　　　　　　印刷者 　小宮山恒敏

発行所 　　株式会社 　サイエンス社

〒151–0051　東京都渋谷区千駄ヶ谷1丁目3番25号
営 業 　☎(03)5474–8500(代) 　振替 00170–7–2387
編 集 　☎(03)5474–8600(代)
FAX 　☎(03)5474–8900

印刷・製本 　小宮山印刷工業（株）
≪検印省略≫

本書の内容を無断で複写複製することは，著作者および出版社の権利を侵害することがありますので，その場合にはあらかじめ小社あて許諾をお求めください．

サイエンス社のホームページのご案内
http://www.saiensu.co.jp
ご意見・ご要望は
rikei@saiensu.co.jp　まで．

ISBN 978–4–7819–1435–0

PRINTED IN JAPAN

--*- Computer and Web Sciences Library *-*-*-

コンピュータのしくみ
近　刊

コンピュータを操る
近　刊

コンピュータで広がる
近　刊

コンピュータに問い合せる
―データベースリテラシ入門―
増永良文著　2色刷・B6・本体1600円

コンピュータが考える
近　刊

＊表示価格は全て税抜きです．

━━━━━━━━━サイエンス社━━━━━━━━━

━━━ Computer and Web Sciences Library ━━━

Ｗｅｂのしくみ

近　刊

Ｗｅｂで知る

近　刊

Ｗｅｂでつながる
―ソーシャルメディアと社会／心理分析―
土方嘉徳著　２色刷・Ｂ６・本体1500円

＊表示価格は全て税抜きです．

━━━━━━━━サイエンス社━━━━━━━━

═══Computer Science Library 増永良文編集═══

1 コンピュータサイエンス入門
　　　　　　　増永良文著　2色刷・A5・本体1950円

2 情報理論入門
　　　　　　　吉田裕亮著　2色刷・A5・本体1650円

3 プログラミングの基礎
　　　　　　　浅井健一著　2色刷・A5・本体2300円

4 C言語による 計算の理論
　　　　　　　鹿島　亮著　2色刷・A5・本体2100円

5 暗号のための 代数入門
　　　　　　　萩田真理子著　2色刷・A5・本体1950円

6 コンピュータアーキテクチャ入門
　　　　　　　城　和貴著　2色刷・A5・本体2200円

7 オペレーティングシステム入門
　　　　　　　並木美太郎著　2色刷・A5・本体1900円

8 コンピュータネットワーク入門
　　　　　　　小口正人著　2色刷・A5・本体1950円

9 コンパイラ入門
　　　　　　　山下義行著　2色刷・A5・本体2200円

＊表示価格は全て税抜きです．

═══════サイエンス社═══════

━━━Computer Science Library 増永良文編━━━

10 システムプログラミング入門
渡辺知恵美著　2色刷・A5・本体2200円

11 ヒューマンコンピュータインタラクション入門
椎尾一郎著　2色刷・A5・本体2150円

12 CGとビジュアルコンピューティング入門
伊藤貴之著　2色刷・A5・本体1950円

13 人工知能の基礎
小林一郎著　2色刷・A5・本体2200円

14 データベース入門
増永良文著　2色刷・A5・本体1900円

15 メディアリテラシ
植田祐子・増永良文共著　2色刷・A5・本体2500円

16 ソフトウェア工学入門
鰺坂恒夫著　2色刷・A5・本体1700円

17 数値計算入門[新訂版]
河村哲也著　2色刷・A5・本体1650円

18 数値シミュレーション入門
河村哲也著　2色刷・A5・本体2000円

別巻1 数値計算入門[C言語版]
河村哲也・桑名杏奈共著　2色刷・A5・本体1900円

＊表示価格は全て税抜きです．

━━━━━━━━サイエンス社━━━━━━━━

ソーシャルコンピューティング入門
－新しいコンピューティングパラダイムへの道標－
　　　　増永良文著　　２色刷・Ａ５・本体2400円

情報倫理ケーススタディ
　　　　　　　　静谷啓樹著　　Ａ５・本体1200円

最新・情報処理の基礎知識
－IT時代のパスポート－
　　　　　　古殿幸雄編著　　Ｂ５・本体1950円

コンピュータと情報システム[第2版]
　　　　草薙信照著　　２色刷・Ａ５・本体1900円

情報処理 [第3版] Concept & Practice
　　　　草薙信照著　　２色刷・Ａ５・本体2000円

＊表示価格は全て税抜きです．

サイエンス社